REQUIEM POUR L'ÉDUCATION NATIONALE

du même auteur
au **cherche midi**

Quand un proviseur se lâche, 2017

chez d'**autres éditeurs**

Inspecteurs casse-couilles, L'Opportun, 2020
Chasse à l'homme, coécrit avec Jeanne Calri et Sandrine Chopin, Max Milo, 2020
Un principal ne devrait pas dire ça, City, 2019
Uber hits, coécrit avec Sandrine Chopin et Sophie Dammaretz, L'Opportun, 2019
Secrets de palaces, coécrit avec Sandrine Chopin, L'Opportun, 2017
Pédagofreak, L'Éditeur, 2016
Recto Verso, Michel Lafon, 2015
Nos chers petits, Flammarion, 2015
Mots d'excuse, l'intégrale, Michel Lafon, 2014
Journal de bord d'un directeur d'école, J'ai lu, 2014
Chroniques d'un pompier volontaire, François Bourin, 2012

PATRICE ROMAIN

REQUIEM POUR L'ÉDUCATION NATIONALE

Un chef d'établissement dénonce :
parents et professeurs doivent savoir !

le cherche midi

Vous pouvez consulter notre catalogue général
et l'annonce de nos prochaines parutions sur notre site :
www.cherche-midi.com

92, avenue de France
75013 Paris

Mis en pages par Soft Office – Eybens (38)
Dépôt légal : mars 2021
ISBN : 978-2-7491-5498-5

À madame et messieurs
René Haby (1976-1978),
Christian Beullac (1978-1981),
Alain Savary (1981-1984),
Jean-Pierre Chevènement (1984-1986),
René Monory (1986-1988),
Lionel Jospin (1988-1992),
Jack Lang (1992-1993),
François Bayrou (1993-1997),
Claude Allègre (1997-2000),
Jack Lang (2000-2002),
Luc Ferry (2002-2004),
François Fillon (2004-2005),
Gilles de Robien (2005-2007),
Xavier Darcos (2007-2009),
Luc Chatel (2009-2012),
Vincent Peillon (2012-2014),
Benoît Hamon (2014),
Najat Vallaud-Belkacem (2014-2017),
Jean-Michel Blanquer (2017-202x),
ministres de l'Éducation nationale,
que j'ai eu l'immense honneur de servir.

À celles et ceux qui subissent ce que je dénonce.

Mais surtout à mes amours :
la Clo, la crevette (et son Ulysse), Titi
et la petite princesse noctambule…

Le premier qui dit la vérité,
Il doit être exécuté.

Guy Béart, *La Vérité*

Monsieur le Ministre,

J'ai grandi dans une cité du 93 – à l'époque, on ne disait pas encore « 9-3 » – et j'ai fréquenté un collège situé aujourd'hui en réseau d'éducation prioritaire. Et vous ? Cela ne m'a pas empêché de suivre des études, grâce à d'extraordinaires hussards de la République qui ressemblaient à s'y méprendre aux professeurs que les pédagogistes vilipendent aujourd'hui.

Durant presque soixante ans, d'abord en tant qu'élève, puis en tant qu'enseignant, et enfin en tant que chef d'établissement, j'ai vécu de l'intérieur l'évolution de l'Éducation nationale. Cette expérience ne me donne évidemment pas plus de légitimité que vous ou l'un de vos multiples technocrates pour exprimer mon avis.

Mais sans doute pas moins non plus.

Toute ma scolarité s'est déroulée dans le public. Et la vôtre ? Elle m'a permis d'emprunter l'escalier social – je préfère ce terme au mot « ascenseur », synonyme de facilité. C'est donc tout naturellement que j'y ai scolarisé ma progéniture. Et vous ? Aujourd'hui pourtant, mes enfants se posent des questions quant à la pertinence d'y scolariser la leur.

Je ne parle pas des établissements ultra privilégiés qui accueillent vos chérubins et ceux de vos amis : ceux-là continuent à transmettre des connaissances, ignorant superbement les réformes récurrentes à l'obsolescence programmée. Je parle de tous les autres « bahuts » qui, sous les coups de boutoir de lubies démagogiques, transforment – souvent contre son gré – le professeur en animateur socioculturel. Je parle de notre hiérarchie, dont les deux seules préoccupations sont d'une part de ne pas faire de vagues, d'autre part de vous fournir les statistiques que vous attendez. Je parle d'un égalitarisme forcené – pourquoi fait-on semblant de croire que tous les élèves ont les mêmes capacités ? – que l'on s'obstine à imposer. Je parle du refus de toute récompense au mérite. Je parle de l'abandon des valeurs qui ont cimenté le « peuple de France ». Tous ces facteurs donnent de moins en moins la possibilité à l'enfant né dans un milieu défavorisé de changer de caste. Ils sont le terreau d'une révolte inéluctable.

Monsieur le Ministre, je suis fier d'avoir servi l'École de la République durant quarante-trois ans. Mon cœur se serre à chacun de ses renoncements. Et il saigne de plus en plus souvent et de plus en plus fort : l'Éducation nationale, un des seuls édifices de notre pays qui tient encore à peu près debout, se lézarde chaque jour davantage.

Bien sûr, vos conseillers et vos hauts fonctionnaires nieront les faits relatés. Au mieux, ils les minimiseront... Pourtant, **tout ce qui est écrit dans ce livre est rigoureusement exact**. Quel intérêt aurais-je à raconter des carabistouilles, maintenant que je suis à la retraite ?

Puissiez-vous donc prendre quelques instants de votre précieux temps pour lire ce petit ouvrage, cet appel, ce cri d'alerte ! Et si les anecdotes qui suivent pouvaient vous faire prendre conscience de la gravité de la situation, je serais le plus heureux des hommes. Car alors j'aurais le sentiment d'avoir rendu à mon métier un peu de tout ce qu'il m'a apporté...

Bonus de dernière minute : la manière dont vos personnels vivent – à l'heure où j'écris ces lignes – la crise de la Covid-19. À comparer avec ce que vos courtisans ont dû vous rapporter...

Monsieur le Ministre, je me tiens à votre entière disposition si vous souhaitez obtenir des précisions sur ce qui se passe réellement au sein de nos établissements scolaires...

Respectueusement,

Patrice Romain
patrice.romain@hotmail.fr

MON « PARCOURS DU COMBATTANT »

1970 Au CM2, éveil de ma vocation grâce à un maître extraordinaire.

1980 Titularisé instituteur ; mon rêve se réalise !

1984 Directeur d'école ; des années de petits bonheurs au quotidien à éveiller des pitchouns...

1998 Principal adjoint d'un collège de ZEP, en banlieue parisienne ; je découvre avec étonnement la pusillanimité de certains hauts fonctionnaires de l'Éducation nationale.

2001 Principal d'un collège rural en province ; amené à côtoyer plus souvent ma hiérarchie, je vais de surprise en surprise...

2006 Principal d'un collège de ZEP dans une autre région. Fonctionnement toujours aussi ubuesque de notre Institution.

2010 Principal d'un gros collège dans le même département ; j'ai de plus en plus de mal à m'adapter à un management qui conduirait toute entreprise privée à la faillite, tant humaine que financière.

2020 Toujours aussi motivé pour travailler auprès des ados, mais désabusé par la gouvernance de l'Éducation nationale, je prends ma retraite...

Première partie

L'ÉCOLE DE LA RÉPUBLIQUE, UNE INSTITUTION MISE À MAL

LA BIENVEILLANCE

En 2021, la bienveillance est « tendance ». On aurait donc attendu le XXIe siècle pour découvrir ses vertus ? Billevesées ! Mes professeurs les plus sévères ont fait preuve de beaucoup de bienveillance à mon égard. Comme je leur en suis reconnaissant ! La grande différence, aujourd'hui, c'est que non seulement la bienveillance imposée par notre hiérarchie ne s'accompagne pas de la nécessaire exigence, mais elle s'apparente de plus en plus à de la complaisance. De la carotte associée au bâton, il ne reste plus que le légume.

Dans nos établissements scolaires, on apprend désormais aux élèves que l'adulte a le **devoir** de respecter leurs **droits**, mais qu'eux ont le **droit** de ne pas respecter leurs **devoirs**. Lourde, très lourde responsabilité que les démago-pédagogistes du ministère ont prise il y a des années déjà et que nous payons cash au quotidien, avec tous ces adulescents que l'Éducation nationale n'a guère formés à accepter les contraintes de la vie en société…

Combien d'élèves souffrent en silence dans nos collèges à cause de la bienveillance dont on nous demande de faire preuve à l'égard des bébés loubards qui les martyrisent jour après jour ? Pourquoi l'Institution nous demande-t-elle de sacrifier des collégiens brillants – potentiels futurs chercheurs, médecins, savants, philosophes ou inventeurs – en protégeant systématiquement leurs harceleurs en culotte courte ? Pourquoi ne sanctionne-t-elle pas ces perturbateurs à hauteur de leur degré de nuisance ? Mystère...

Dans nos établissements, cette bienveillance est interprétée par les fauteurs de troubles comme un aveu de faiblesse. Pire : désormais, à la moindre difficulté avec leur enfant, les géniteurs concernés accusent le collège de ne pas les aider. En fait, de ne pas les remplacer...

Quand donc l'Institution ne fera-t-elle preuve de bienveillance qu'à l'égard de ceux qui la respectent ?

La plupart des parents savent instinctivement qu'il faut faire preuve *et* de bienveillance *et* d'autorité dans l'éducation des enfants. Les psychologues, les pédopsychiatres et les psychanalystes sont également de cet avis. De nombreux ouvrages scientifiques le confirment.

Les pédagogistes de l'Éducation nationale sont-ils donc les seuls à prôner la permissivité ?

◗ De plus en plus souvent, les géniteurs d'un élève sanctionné expriment pudiquement leur mécontentement face à l'injustice dont est victime leur enfant innocent : insultes, menaces, bris de matériel, etc.

C'est nouveau. Mais ne pas comprendre la frustration de ces parents relèverait d'un manque certain de bienveillance – *peace and love*. Alors on *s'adapte* : je demande désormais à la police municipale d'être présente au collège lorsque s'y déroule un conseil de discipline.

J'espère que les hommes en uniforme sont payés en heures supplémentaires...

▶ Une collègue principale, convoquée par notre inspecteur d'académie, s'est fait sérieusement chanter pouilles. Il faut dire qu'elle a exclu définitivement cinq élèves d'un coup. Excès d'autoritarisme ! Où est la bienveillance – *peace and love* – dont nous devons faire preuve ?

Les cinq ados de 15 ans n'avaient *que* mis le feu au collège. S'ils avaient été majeurs, ils auraient *juste* été passibles de la cour d'assises…

▶ J'ai dû accueillir un élève qui avait déjà été exclu de cinq collèges. C'est ce que l'on appelle, dans notre jargon, l'école de la 2 549e chance…

L'inspecteur d'académie, histoire de montrer ses muscles, avait envoyé un courrier à la famille :

> « Donovan [1] a désormais l'impérieuse nécessité d'adopter une conduite exemplaire. Aucune indulgence ne lui sera accordée. »

Sornettes ! Le haut fonctionnaire sait pertinemment que Donovan peut continuer à faire le clown tant qu'il veut, puisque l'Institution est obligée de le garder jusqu'à ses 16 ans. Bien sûr que de multiples « indulgences » lui seront encore accordées !

Son arrivée a pas mal perturbé Thibault, Jules et Quentin, que le chérubin avait rackettés dans la rue une semaine auparavant. Mon chef, à qui j'ai relaté le fait, n'a bien entendu pas changé d'avis. Rien ne s'opposait à la venue de l'angelot puisqu'il nous restait des crédits sur nos fonds sociaux pour lui payer sa carte de tramway ! Ce fut d'ailleurs l'occasion de lui enseigner sa première leçon de civisme : lorsque l'on emprunte un transport en commun, la coutume veut que l'on verse une obole sous forme de ticket payant…

1. Tous les prénoms qui apparaissent dans l'ouvrage ont été modifiés.

Donovan a rapidement instauré un climat de terreur psychologique dans sa classe. Ses professeurs venaient la peur au ventre, craignant de se faire agresser, verbalement ou même physiquement. Les assistants d'éducation fermaient volontairement les yeux sur ses écarts de conduite par crainte de représailles. Plusieurs parents sont venus m'exposer la détresse de leurs enfants.

Dans un premier temps, sous la pression de mon supérieur hiérarchique et de ses statistiques, j'ai tenu bon: je n'ai pas convoqué le conseil de discipline. Donovan s'en est donc donné à cœur joie. Parmi les multiples dégâts collatéraux, Thibault est parti dans le privé, Jules a fait une dépression et le brillant Quentin est devenu un élève moyen. Mais les parents de ces collégiens sans histoires n'ayant pas provoqué de scandale, l'inspecteur d'académie a pu considérer cette réinsertion comme une réussite.

Donovan a de la chance: vu qu'il est suivi par les services de la Protection judiciaire de la jeunesse, un éducateur l'emmenait au restaurant deux fois par mois pour, comme le disait l'adulte bienveillant – *peace and love* –, « faire le point ». Quand, repu, notre lascar revenait au collège, il se moquait des autres qui avaient mangé du poisson pané et des épinards surgelés à la cantine. Mais il avait « fait le point », ce qui était bien là l'essentiel.

Lorsque je l'ai enfin sanctionné pour violence, il a reçu sa récompense: afin de « faire le point », ou peut-être de surmonter son choc psychologique, les services sociaux lui ont offert une semaine à Center Parcs.

Les parents de Yanis, un de ses « camarades » de classe, n'ont pas les moyens de payer ce genre de séjour. Hélas pour lui, Yanis a le malheur de se comporter en élève correct. Il a donc passé ses vacances dans sa cité, à réviser ses cours ou, peut-être, à « faire le point ». Comme j'ai eu l'outrecuidance de dire au responsable des éducateurs que j'avais une conception des « mises au point » légèrement différente de la sienne, il m'a dénoncé à mon chef...

Le mois suivant, sous le coup de la colère – injustifiée, car Donovan n'avait fait qu'envoyer un assistant d'éducation à l'hôpital –, je n'ai pas fait preuve de bienveillance – *peace and love* – et le boxeur a été exclu définitivement de notre collège. Maigre consolation pour le pauvre chouchou traumatisé : il a pu revenir triomphalement en touriste chez nous pour « passer » le DNB (diplôme national du brevet). Ou, plutôt, pour empêcher les autres élèves de sa salle de composer.

Dernier baroud d'honneur réussi : plusieurs de nos collégiens, stressés, ont raté leurs épreuves...

Donc, n'ont pas « fait *les* points ».

◗ Noël : des parents de condition modeste offrent un smartphone à leur fille en récompense de ses excellents résultats. Janvier : on le lui vole au collège. Février : après enquête, je retrouve le détrousseur, le receleur et le revendeur. Prévenus, leurs géniteurs m'agonissent d'injures : les coupables, qui ont pourtant tout avoué, sont innocents. Je préviens la police afin que la justice française termine le travail, à savoir – comme je suis candide – que la petite soit dédommagée et que nos trois loustics soient fortement incités à ne pas recommencer.

Jusqu'à la fin de l'année scolaire, chaque matin, je verrai ma pauvre élève arriver au collège les mains vides, tandis que les trois pieds nickelés hurleront dans leurs portables neufs, sans doute tombés d'un camion.

Aucun juge bienveillant – *peace and love* – ne s'est encore saisi de l'affaire. Mais bon. Ce qui est différé n'est pas perdu...

◗ Un professeur a l'idée saugrenue de poursuivre l'élève qui l'a traité de « fils de pute » dans un couloir, puis de le saisir par le bras et d'exiger des excuses. Grosse frayeur !

Je parle pour l'enseignant, naturellement, qui se réfugie ensuite dans mon bureau, tout tremblant, craignant que son mauvais réflexe ne vaille une plainte contre lui. Car, désormais, la peur a changé de camp.

O tempora, o mores !

◗ Première épreuve du DNB. Une élève fait un scandale, parce qu'elle n'est pas à côté de sa copine. Il ne faut pas moins de deux assistants d'éducation pour la maîtriser. L'hystérique a cependant droit à toutes nos attentions, car nous nous devons d'être bienveillants.

Que les autres collégiens composant dans la même salle soient perturbés, quelle importance ?

◗ En cas d'exclusion temporaire d'un élève, il faut respecter un délai de trois jours, le temps de prévenir le maire de la commune et d'élaborer une convention collège-parents afin que le puni puisse effectuer une « mesure de responsabilisation ». Je contacte donc un organisme municipal pour qu'il prenne en charge le collégien que je viens de sanctionner. Programme prévu par la ville pour raisonner notre joyeux drille : escalade, piscine, art-thérapie, atelier vélo, atelier cuisine, atelier théâtre. Repas fournis gratuitement, bien entendu.

Si ça, ce n'est pas clairement une incitation à la récidive !

◗ Bienveillance – *peace and love*... Et un, et deux, et trois exclusions définitives pour Sofiane. Plus deux collèges que le petit ange a quittés de lui-même grâce à deux déménagements opportuns. Nous avons donc l'honneur d'être son septième établissement...

Les signalements divers et variés aux services sociaux n'entament évidemment en rien sa capacité de nuisance envers ses « camarades ». Dès que Sofiane a l'âge requis pour effectuer des stages d'observation en entreprise, il suit à peu près le rythme suivant : une semaine au collège, une semaine d'exclusion temporaire, une semaine chez un employeur – en fait, un seul jour de présence effective, avant son renvoi – et une semaine d'absence non régularisée. S'intercalent diverses convocations officielles – commissariat, tribunal – et de multiples retards. Cela nous amène vaille que vaille en juin. En septembre, il partira vivre chez une tante. Ouf ! Pas de conseil de discipline ! Mission « bienveillance et absence de vagues » brillamment réussie !

Je suis fier – ou pas – d'être un brave petit soldat bien obéissant !

◗ Bienveillance – *peace and love*... À la récréation, ce matin, un collégien me traite de « pédale » dans mon dos. Cet après-midi, un père d'élève insinue à haute voix que la mère de l'agent polyvalent exerce le plus vieux métier du monde. Ce soir, un grand frère menace le CPE (conseiller principal d'éducation) : « Espèce de bâtard, méfiez-vous ! »

Nous encaissons sans broncher : les temps sont durs, les jeunes et leurs parents ont des soucis, ils ont besoin de se défouler, il faut les comprendre.

De toute façon, si nous réagissons, notre hiérarchie nous le reprochera, alors...

La parole est d'argent, le silence est d'or !

◗ Bienveillance – *peace and love*... Hier, dimanche, dans la rue, un de nos élèves a poignardé un passant dans le dos. La lame a percé un poumon.

Ce matin, le Jack l'Éventreur des bacs à sable raconte fièrement son exploit dans la cour du collège. Je ressens comme un léger sentiment d'insécurité, mais je n'ai pas le droit de fouiller son sac pour me rassurer…

C'est peut-être mieux ainsi : je risquerais de me blesser…

◗ Bienveillance – *peace and love*… On me demande d'accueillir un petit mignon injustement exclu d'un autre collège sous le prétexte fallacieux qu'il a participé à un viol en réunion.

Mais chut ! mon chef m'a demandé de garder le secret : il ne faut pas effrayer inutilement « mes » parents d'élèves !

#MeeToo

◗ Bienveillance – *peace and love*… Un homme à qui nous avons refusé, faute de preuves, de délivrer une copie de l'attestation scolaire de sécurité routière qu'il nous affirme avoir passée dans notre collège il y a plus de dix ans, se plaint à l'inspection académique. Un chef de service s'empresse de m'appeler sèchement : « Il faut faire confiance aux gens ! »

Comme ni l'agent d'accueil, ni la secrétaire, ni moi ne confierions notre portefeuille à l'individu qui est venu éructer sa requête, je demande un écrit à ma hiérarchie. Une semaine plus tard, nous recevons une lettre signée de l'inspecteur d'académie certifiant que notre ancien élève a bel et bien réussi l'épreuve. Nous effectuons alors des vérifications dans nos archives… Le lauréat était absent le jour de l'examen.

Tout à sa bienveillance – *peace and love* –, mon chef me donnait l'ordre de délivrer un faux diplôme.

LA CARTE SCOLAIRE

La carte scolaire – chaque école, collège et lycée recrute ses élèves sur un secteur géographique déterminé – a été créée à l'origine dans l'intention louable de favoriser la mixité sociale et d'éviter les ghettos. Mais aujourd'hui que les consignes de bienveillance obligent les professeurs des établissements « difficiles » à tout accepter sans sévir, donc à subir la loi du plus fort, elle est on ne peut plus discriminante.

En effet, les parents qui connaissent le système la contournent aisément. Lorsqu'ils savent que, dans le bahut du secteur, leur progéniture risquera d'être violentée, rackettée ou tout simplement privée de l'enseignement auquel elle a droit, ils domicilient officiellement leur enfant chez un ami ou louent une chambre, un garage, voire une simple boîte aux lettres, afin d'avoir une adresse proche du « bon » établissement. D'autres encore produisent de fausses attestations sur l'honneur. Personne n'y croit, sauf la hiérarchie... qui fait semblant. Enfin, ceux qui répugnent à tricher se tournent tout naturellement vers le privé.

Restent les collégiens sérieux dont les géniteurs soit ignorent les ruses pour contourner la carte, soit n'ont pas les moyens financiers de payer des frais de scolarité, soit font confiance à l'Institution. Ceux-là doivent subir les bébés voyous que l'établissement de leur quartier est obligé d'accueillir.

Mieux formés, les élèves issus des établissements privilégiés ont donc bien plus de chances d'intégrer une grande école et, plus tard, de diriger la France. Nos élites le savent mais ne font rien, puisque leurs enfants sont les premiers bénéficiaires de ce système. Moralement scandaleuse, cette pratique s'avérera un jour ou l'autre dramatique pour la paix sociale de notre pays…

◗ En juin, période officielle des demandes, notre inspection académique refuse systématiquement les dérogations pour « raisons personnelles ». Si le géniteur veut forcer le destin et bénéficier de ce que j'appelle la « prime à la grande gueule », il doit taper du poing sur la table et menacer. Fin août, la même inspection académique contacte en effet les chefs d'établissement pour les convaincre d'inscrire – même en sureffectif – les enfants des râleurs opiniâtres.

Résultat garanti à 90 %, inégalité garantie à 100 %.

◗ Lorsque je dirigeais un établissement situé en ZEP, en plein cœur d'une cité, une classe de CM2 d'une école voisine, la seule « favorisée » du secteur, était venue visiter nos locaux. Sur les 26 écoliers, 9 avaient rempli un formulaire de dérogation afin d'échapper à notre collège, et 13 étaient déjà inscrits dans le privé.

Il est vrai que, l'année précédente, notre hiérarchie avait décrété la fermeture de notre section européenne allemand, jugée trop élitiste – alors qu'elle était évidemment ouverte à tous les collégiens volontaires –, entraînant de fait la disparition d'un poste de professeur… et des 50 élèves corrects de notre collège – 25 dans chacune des deux classes estampillées « euro ».

Coup double pour les énarques égalitaristes, hérauts de la mixité sociale !

▸ Mohamed, un petit sixième sans histoire d'un collège proche, était persécuté par ses pairs qui lui disaient, entre autres gentillesses : « T'es pas un vrai Arabe, t'as de bonnes notes ! » Il s'était fait tabasser par ces mêmes gredins, pardon, par – dixit un inspecteur – ces « élèves en difficulté socioculturelle avec qui l'école doit se montrer bienveillante ».

Depuis sa sortie de l'hôpital, Mohamed – quelle surprise – dormait mal, angoissait à l'idée d'aller en classe et se scarifiait durant les cours. Ses résultats scolaires, certes encore loin d'être aussi faibles que ceux de ses agresseurs, étaient néanmoins en chute libre. Pas besoin de consultations coûteuses pour émettre l'hypothèse que tout était lié. La maman célibataire a donc souhaité que son fils change d'établissement. Mais comme la raison invoquée n'entrait pas dans les critères de dérogation – la violence au collège n'est qu'un fantasme inventé par les détracteurs du public –, l'inspecteur d'académie a refusé. C'était un tel enrichissement personnel pour Mohamed d'échanger avec ses compagnons de jeu !

À la rentrée suivante, faisant fi de la décision de mon chef, j'ai discrètement accueilli le pauvre petit dans mon collège. Il est rapidement redevenu un excellent élève.

Et si aujourd'hui Mohamed est chirurgien, comme il le rêvait, c'est peut-être un peu grâce à moi et à l'idée que je me fais de l'École de la République, de ses valeurs, du travail et de la récompense au mérite. En tout cas, pas grâce au haut fonctionnaire de l'Éducation nationale qui a refusé que cet élève modèle change d'établissement.

◗ Juin. Les parents d'un bon élève de cinquième du collège voisin souhaitent que leur fils poursuive ses études chez nous. Refus de l'inspection académique : leur motif n'entre pas dans les critères officiels dûment répertoriés.

Septembre. Les géniteurs d'un petit mignon de cinquième, exclu de ce même bahut, refusent l'affectation de leur chouchou d'amour dans un autre établissement et exigent qu'il soit scolarisé dans le nôtre. Accord de la hiérarchie.

La peur a ses raisons que la raison ignore…

◗ Arthur et Norbert, tous deux élèves de mon collège en sixième bilangue anglais/allemand, ont déménagé fin juin. Les deux familles ont formulé une demande de dérogation, car leurs nouveaux collèges de secteur n'enseignent que l'espagnol en langue vivante 2.

Les deux ont essuyé un refus. Les premiers parents ont accepté la sentence. Leur petit a donc pris – par défaut – espagnol en cinquième. Les seconds ont insisté et menacé d'alerter la presse. Ils ont finalement obtenu satisfaction.

Ce n'est pas pour rien qu'on appelle les médias le « quatrième pouvoir » !

◗ Le mot de la fin pour une adorable petite élève de sixième qui m'a confié innocemment un jour : « Ma maman, elle voulait m'inscrire dans le privé, mais elle peut pas, parce qu'elle travaille à la FCPE[1] ! »

Ce dut être un choix cornélien !

1. Fédération des conseils de parents d'élèves.

L'ÉCOLE, ANTICHAMBRE DE LA VIE PROFESSIONNELLE

Les collèges et les lycées des beaux quartiers parisiens accueillent les meilleurs enseignants, puisque le recrutement de ces derniers s'effectue sur profil, en contradiction avec le statut des professeurs, lequel prévoit d'attribuer les postes en fonction du nombre de points des intéressés, donc, *grosso modo*, par ordre d'ancienneté. Les élèves sont triés sur le volet, là aussi en violation totale des règles drastiques de carte scolaire imposées partout ailleurs. Les conditions de travail y sont donc idéales et les enfants, ultra favorisés, en sortent bien armés pour réussir leurs études supérieures, puis leur vie professionnelle.

A contrario, l'immense majorité des autres établissements de France n'ont jamais aussi mal préparé les élèves à affronter le monde du travail. Les consignes officielles, soufflées par des pédagogistes qui n'ont jamais mis les pieds dans une entreprise, imposent en effet aux professeurs d'enseigner l'inverse de ce que les potaches vivront professionnellement plus tard, notamment en matière d'investissement personnel et de respect de l'autre. Conséquence : après une décennie à faire ce qu'ils veulent ou presque, certains jeunes ne comprennent pas l'employeur exigeant qui leur demande d'avoir une tenue correcte, d'utiliser un langage approprié et d'être ponctuels.

Chaque jour, dans nos établissements scolaires, des milliers d'élèves traitent leurs professeurs avec mépris. Pourquoi ces adolescents se comporteraient-ils différemment ailleurs et plus tard ? Ainsi, ce collégien qui apostrophe familièrement notre président de la République à l'issue de la commémoration de l'appel du 18 Juin au mont Valérien : « Ça va, Manu ? » Ainsi, cette lycéenne qui traite grossièrement un élu. Ainsi, ce jeune pompier qui refuse de serrer la main de notre ministre de l'Intérieur. Tous sont issus de notre École de la République et de ses pédagogistes.

Le monde professionnel est de plus en plus impitoyable. Par ailleurs, tous les pédopsychiatres s'accordent pour dire qu'un enfant se construit aussi avec la frustration...

Quand les hauts responsables de l'Éducation nationale comprendront-ils qu'on ne rend pas service à un élève en s'attachant à ne jamais le contrarier ?

◗ Le service juridique du rectorat m'a confirmé que je suis obligé d'ouvrir l'établissement aux retardataires, quelle que soit l'heure à laquelle ils se présentent. Depuis, c'est donc un peu self-service : nos collégiens arrivent au compte-gouttes, surtout le matin.

Aujourd'hui, dernier jour de la semaine d'observation en entreprise pour nos élèves de troisième ; je fais le calcul : près d'1 sur 10 a été renvoyé par son maître de stage pour cause de retards répétés.

Honte à ces odieux employeurs psychorigides incapables de s'adapter à la pratique de l'Éducation nationale : *l'open school* !

◗ Lorsque, au téléphone, j'ai annoncé à un étudiant qui souhaitait être assistant d'éducation dans notre collège que nous n'avions finalement pas retenu sa candidature, il m'a traité de « fils de pute » avant de me raccrocher au nez.

Pas étonnant : personne ne lui ayant jamais enseigné l'attitude à adopter quand on n'obtient pas satisfaction, il a été pris au dépourvu et n'a pas su comment réagir !

◗ Notre système scolaire actuel fabrique des gens aigris : il délivre des diplômes de complaisance qui ne servent à rien dans le monde professionnel, générant de l'incompréhension chez ceux qui les obtiennent. De fait, ces derniers gardent toute leur vie une rancœur tenace envers l'Éducation nationale.

Trop de bienveillance tue la bienveillance !

LE NIVEAU MONTE

Avec toute leur morgue et leur complexe de supériorité, les démago-pédagogistes savent ce qui est bon pour le bas peuple. Ainsi, ils ont décrété que, pour vivre heureux, le petit d'ouvrier ne devait pas souffrir à l'école afin, plus tard, de s'épanouir dans son métier manuel payé au smic. Il ne faut surtout pas le pousser à acquérir des connaissances dont il pourrait ultérieurement se servir pour changer de caste. Bref, le complaire dans sa médiocrité intellectuelle supposée. *Panem et circenses...*

Place donc aux compétences plutôt qu'aux connaissances, aux smileys verts, aux « en voie d'acquisition », aux 90 % de réussite au bac et aux diplômes qui, ne signifiant plus rien, ne servent qu'à décorer le CV que l'on déposera à Pôle emploi.

Le niveau global baisse, surtout en français et en histoire-géographie. Pire encore, l'écart se creuse entre les excellents élèves – qui bénéficient à la maison d'un bon environnement culturel – et le gros de la troupe, cantonné aux compétences délivrées par l'école.

Qui sait que, dans son livre *Why Knowledge Matters*[1], l'Américain E. D. Hirsch Jr, professeur émérite en sciences de l'éducation et sciences humaines, cite la France en contre-exemple de ce qu'il faudrait faire en matière éducative ?

◗ Je savais lire à 5 ans. Je n'étais pourtant pas particulièrement brillant, juste curieux. Et j'ai eu la chance de tomber sur une institutrice de maternelle extraordinaire, qui m'a poussé à en apprendre plus que ce qui figurait au programme officiel. De nos jours, vu le nivellement continu par le bas, un enfant qui sait lire et écrire en sixième est désormais presque considéré comme « précoce », « surdoué » ou « à haut potentiel ». Alors qu'il est tout simplement « ECP » (éveillé correctement par les parents).

Ça flatte l'ego des géniteurs, ça fait travailler les psys, et ça doit bien faire rire Léonard de Vinci, Einstein et Cyril Hanouna !

◗ Vous pensez que j'exagère ? Pour la rentrée, les professeurs de mon collège, dont on exige qu'ils *adaptent* leur enseignement, m'ont demandé – sur les conseils de leurs collègues professeurs des écoles – d'acheter des cahiers d'écriture pour nos futurs sixièmes !

J'attends avec impatience le jour où ils me solliciteront pour commander des exemplaires de Winnie l'ourson et de Sophie la girafe afin d'être toujours au plus près des besoins de nos collégiens...

◗ Aujourd'hui, pour les sixièmes C, contrôle de maths sur la multiplication par 10 et par 100. Exactement ce que j'enseignais à mes CM1 il y a trois décennies.

1. « Pourquoi la connaissance est importante », Harvard Education Press, 2016.

Seule différence: mes écoliers d'alors en comprenaient le principe, contrairement à la plupart des collégiens de sixième C.

◗ Combien d'élèves leurre-t-on en leur attribuant un niveau qui n'est pas le leur? Alors que je passe dans un couloir, j'entends une grande de troisième dire: «Je suis grave moche sur la photo.» D'humeur pédagogue, je m'arrête avec pour ambition de lui apprendre que seul un adverbe, en l'occurrence *gravement*, peut modifier le sens de l'adjectif *moche*. Pour ce faire, je la questionne:

«Dans la phrase "Je suis grave moche", où est le verbe?

– Ben... Y en a pas!» me répond-elle, candide.

Cette collégienne a 16 de moyenne en français...

Odette et Édouard Bled, au secours!

◗ Contrôle de mathématiques.

Question: «Écris en chiffres "trois millions soixante-dix mille deux cent trois".»

Réponse de Karine: «3 000 60 10 1 000 200 3».

Par ailleurs, elle ne connaît pas les mois de l'année. Dans cinq semaines, elle passe le DNB. Ses parents exigent – et obtiendront – un passage en seconde générale.

La réussite sourit aux audacieux, n'est-ce pas?

◗ Nouveauté dans l'affectation informatisée des élèves de troisième au lycée: les boursiers ont systématiquement un énorme bonus. Quels que soient leurs résultats et leur comportement. Ainsi, un mauvais élève fainéant et perturbateur mais boursier prendra la place d'un excellent élève sérieux et motivé mais non boursier.

La bourse ou l'avis (du conseil de classe)?

◗ Combien d'élèves au niveau très insuffisant ne passent en seconde générale que parce que les principaux de collège, débordés en fin d'année scolaire, préfèrent céder à la demande des parents plutôt que de s'escrimer à constituer un énorme dossier pour la commission d'appel chargée de trancher en cas de désaccord collège-famille, commission qu'il est mal vu de solliciter trop souvent ?

Que de châteaux on va bâtir en Espagne !

◗ Cette commission d'appel, d'ailleurs, juge le bien-fondé d'un passage en classe supérieure sur de curieux critères. Ainsi, une collégienne de troisième, qui plafonnait à 3 de moyenne, est passée en seconde au motif qu'« elle est trop grande pour redoubler ».

À l'avenir, les basketteurs seront-ils donc les seuls à pouvoir intégrer Polytechnique ?

◗ Juin. Jérémy, 4 de moyenne générale en troisième, choisit un apprentissage pour la rentrée suivante.

Septembre. Jérémy se fait renvoyer par son patron.

Octobre. Sa maman, qui ne veut pas que son génie reste à la maison à ne rien faire, met sa minijupe moulante et va voir le proviseur du lycée de secteur. Jérémy est accepté en seconde générale.

◗ Qu'est-ce qu'une pie ? une autruche ? un hérisson ?

Quelle est la capitale de l'Espagne ? de l'Italie ? de la Belgique ?

Quelle est la date du couronnement de Charlemagne ? de la prise de la Bastille ? du début de la Première Guerre mondiale ?

Voilà, au hasard, quelques questions auxquelles certains collégiens de troisième – futurs lycéens – ne savent pas répondre…

Pas de panique, braves gens, puisqu'on vous dit que le niveau monte !

◗ Le niveau global baisse, contrairement à ce que prouvent les statistiques. Explication de cette contradiction : les recteurs, nommés par le ministre – qui exige de bons résultats pour valider sa politique –, évaluent les inspecteurs d'académie. Lesquels, soucieux de leur propre avancement – et de leur prime significative –, mettent une pression énorme à leurs subalternes, les chefs d'établissement, dont la promotion et la mutation ne dépendent que de leurs supérieurs. Les chefs d'établissement, qui veulent gagner leurs éperons, incitent donc fortement leurs professeurs à se montrer généreux avec les copies des élèves. Si besoin est, les principaux trafiquent même les chiffres du contrôle continu avant de les remonter à la hiérarchie. Je ne parle même pas des consignes d'extrême bienveillance que les inspecteurs donnent aux correcteurs des épreuves du DNB :

> « La note finale d'une copie ne doit pas forcément être la somme des notes des exercices qui la composent. En effet, la capacité à émettre une idée doit être prise en compte. »

Et si les professeurs/notateurs ne se sont pas montrés suffisamment coopératifs, une commission repêche les « moins pires » des recalés. Bref, *in fine*, le ministre reçoit les chiffres qu'il souhaite obtenir – mais qui ne reflètent absolument pas la réalité –, et chacun peut s'autocongratuler.

C'est la teuf ! Chantons tous en chœur : « Et on fait tourner les serviettes… »

◗ Oui, le niveau global baisse ! Killian est arrivé dans notre collège par défaut : il aurait dû être scolarisé dans un établissement spécialisé pour déficients intellectuels, mais ses parents avaient refusé. Pour Killian, les cours de sixième s'apparentaient à du chinois. Nous l'avons néanmoins fait passer en cinquième, puis en quatrième, puis en troisième : à quoi aurait servi un redoublement ? À la fin de sa troisième, il n'avait aucun projet professionnel. Mais, âgé de moins de 16 ans, il devait poursuivre ses études. Nous l'avons donc envoyé au lycée général et technologique. Un an plus tard, toujours aucun projet en vue.

Aujourd'hui, il est en terminale.

• Oui, le niveau global baisse ! Un proviseur de lycée professionnel, auprès de qui un professeur déplorait le niveau de ses terminales, a répondu le plus sérieusement du monde :

> « Et encore, ne vous plaignez pas : cette année, ils savent tous plus ou moins lire et écrire, ce n'est déjà pas si mal ! »

• Oui, le niveau global baisse ! Lors d'une réunion, un collègue proviseur nous a parlé du conseil de classe de ses BTS 1re année tenu la veille, notamment du cas d'un étudiant ayant, je cite ses propos, « des troubles sévères ». Tous les enseignants autour de la table s'interrogeaient : comment cet étudiant, dont le raisonnement, l'attitude générale et les réactions épidermiques relevaient clairement d'un asile psychiatrique, avait-il pu obtenir son bac ?

• Cinq de nos excellents collégiens de troisième n'ont pas été pris en seconde section européenne anglais. Par contre, trois de nos élèves moyens vont l'intégrer. Raison invoquée par le proviseur, qui adhère à la philosophie démago-pédagogique :

« Pas question de faire des classes d'élite. »

C'est donc désormais officiel : être sérieux et obtenir de bons résultats scolaires peut s'avérer un handicap pour la suite de ses études.

◗ Lors de sa visite, un inspecteur a formulé un reproche à une professeure de SVT :

> « Dans vos évaluations, il ne faut pas poser de questions sur les connaissances. Sinon, vous mettez vos élèves en situation d'échec ! »

Le comte de Gormas le disait pourtant dans *Le Cid* :

> « À vaincre sans péril, on triomphe sans gloire. »

◗ L'inspecteur d'académie nous annonce le chiffre du département pour cette rentrée scolaire : 2,5.

2,5 %, c'est le pourcentage de collégiens de troisième qui, de l'avis des enseignants, ont un niveau trop faible pour passer en seconde générale, mais qui refusent de redoubler. De fait, ils se retrouvent sans solution en septembre. Plutôt que de les voir errer dans la rue, l'inspection les inscrit quand même au lycée, améliorant ainsi les statistiques et, accessoirement, ignorant superbement l'avis des professeurs.

Mais c'est tellement plus beau lorsque c'est inutile !

◗ Alors qu'il y a trente ans, les professeurs de lettres n'aimaient pas enseigner à des premières scientifiques – « Le français ne les intéresse pas ! » –, ces dernières années, leurs successeurs se battaient pour avoir une première S : « Ce sont les seuls élèves qui s'intéressent encore à nos cours ! »

Illustration : un enseignant d'un lycée voisin a présenté sa démission... pour une seule classe, une terminale

STMG[2]. Le professeur a demandé un temps partiel, car il ne se sentait pas compétent pour ~~enseigner à~~ éduquer ces ~~touristes~~ élèves...

Heureusement, un ministre a trouvé la parade à ce genre de capitulation sans conditions : il a supprimé les filières. Bien vu, l'aveugle !

◗ Le fait que 28 %[3] seulement des étudiants obtiennent leur licence en trois ans pousse les pédagogistes à encore plus de démagogie. Loin de remettre en cause leur système et de reconnaître que le bac est désormais accordé même à ceux qui n'ont pas le niveau nécessaire pour suivre des études supérieures, ces pédagogos souhaitent qu'au contraire on baisse encore le niveau afin d'augmenter le taux de réussite !

Moi qui suis de santé fragile, j'espère au moins qu'ils maintiendront le niveau d'excellence exigé actuellement pour réussir médecine...

◗ Cette baisse continue du niveau général s'explique : depuis des années, les professeurs/correcteurs de mon collège se lamentent sur le niveau incroyablement faible des copies...

Précision : ils parlent des devoirs des étudiants qui se présentent au concours de recrutement des professeurs des écoles.

◗ Il y a quelques années, la Finlande cartonnait à l'évaluation Pisa – test international sur le niveau des élèves. Nos inspecteurs ne juraient plus alors que par son système

---

2. Sciences et technologies du management et de la gestion.

3. Ministère de l'Enseignement supérieur, de la Recherche et de l'Innovation.

éducatif. Jusqu'à ce qu'ils s'aperçoivent que, dans ce lointain pays septentrional, il n'y avait pas… d'inspecteurs !

Aujourd'hui, c'est la Corée du Sud qui caracole en tête. Mais comme là-bas on prône les valeurs du travail et du mérite, soit l'exact contraire du dogme pédagogiste français, personne ne la prend en modèle…

« Dis, papa, ça veut dire quoi, "honnêteté intellectuelle" ? »

◗ Après avoir assisté à une séance de français en classe de troisième, un inspecteur recadre la professeure :

> « Victor Hugo ! Mais il y a trop de vocabulaire ! Ils ne comprennent rien ! Vous n'aviez pas un texte plus accessible à leur faire étudier ? »

◗ Je suis en vacances. Sur la plage, plusieurs parents style « jeune cadre dynamique ». Aucun n'est plongé dans son portable, aucun ne crie sur sa progéniture. Attentifs à leurs enfants de 5-6 ans, ils jouent et discutent avec eux et/ou leur lisent des histoires. Les phrases des petits sont plus élaborées que celles de mes collégiens, trop souvent livrés seuls à Internet et aux réseaux sociaux…

L'École de la République ne peut pas tout.

LE DIPLÔME NATIONAL DU BREVET

Sujet du jour: «À quoi sert le DNB?»

...

Vous avez rendu copie blanche? C'est normal! À part permettre au ministre de se gargariser des excellents résultats, cet examen de fin de collège n'est d'aucune utilité. Il n'est pas obligatoire pour passer en seconde, et les patrons sourient quand un candidat apprenti leur sort ce diplôme.

Aussi paradoxal que cela puisse paraître, les inspecteurs d'académie font pourtant une fixation sur son taux de réussite. Il est vrai qu'ils ont une carrière à bâtir... Ces hauts fonctionnaires mettent donc une pression énorme aux principaux de collège. Ces derniers – c'est humain – trichent afin d'être bien vus de leur chef. Qui s'en plaindrait? Le cancre qui l'a quand même obtenu? Ses parents? L'inspecteur qui, de fait, remonte de bons chiffres au rectorat?

▶ Les chefs d'établissement reçoivent tous une lettre de mission avec des objectifs chiffrés à atteindre. La tentation est donc grande de forcer le destin. Ainsi, un collègue principal a adressé à « ses » professeurs de troisième la note suivante :

> « À quelques jours de l'arrêt des notes du deuxième trimestre, je tiens à rappeler l'importance du contrôle continu dans l'obtention du DNB. Or, il y a actuellement une tendance à la baisse qui m'inquiète et qui risque de nous coûter cher en taux de réussite. Si vos épreuves communes pèsent trop lourd, vous pouvez les coefficienter, voire ne pas les intégrer dans votre moyenne. Le taux de réussite au DNB est un indicateur très suivi par les parents. Il participe à notre bonne réputation et à notre attractivité. Ne le gâchons pas. »

Tout est dit.

◗ Un autre collègue ne s'est pas embarrassé de ces fioritures. Après avoir constaté la médiocrité des bulletins trimestriels de ses élèves de troisième, il est discrètement intervenu sur le logiciel de notes.

Abracadabra !

◗ Un autre encore regroupe dès janvier ses élèves les plus faibles dans une classe « sauvage » de troisième. Il invite ensuite des professeurs volontaires à leur donner des exercices niveau CM2. Les notes obtenues, bonnes évidemment, permettent ainsi d'augmenter sensiblement la moyenne du contrôle continu.

Astucieux, non ?

◗ Un dernier suggère à ceux qui surveillent les épreuves de, *sic*, « lâcher du lest », à savoir laisser les collégiens copier les uns sur les autres afin d'améliorer leurs notes, donc le taux de réussite de son collège.

Pas vu, pas pris !

◗ Notre chef vénéré est heureux comme un gamin qui a reçu le jouet dont il rêvait : les résultats au diplôme national de la bienveillance sont bons. Tout fier, il nous précise :

> « En plus, cette année, pour une fois, nous n'avons procédé à aucun rattrapage ! »

Décryptage : avant la publication officielle des résultats, chaque inspecteur d'académie réunit les présidents des centres de correction de son département, distribue un tableau récapitulatif et commente. Je résume :

> « Si l'on ne déclare admis que ceux qui ont plus de 10, ça nous fait 81,08 % de reçus ; si l'on descend à 9,75, on en a 83,57 % ; à 9,5, on en a 86,12 % ; à 9,25, on en a 89,15 % ; plus bas, je trouve que ça fait quand même trop parce que l'on dépasserait les 90 %. Que fait-on ? On s'arrête à 9,5 ? »

Autour de la table, les présidents des centres – tous des principaux –, ô surprise, approuvent à l'unanimité la proposition de leur patron. L'Administration entérine alors cette fraude officielle en ajoutant quelques points judicieusement répartis dans les copies des futurs repêchés.

Ainsi, l'élève Pierre Dupont, de Rennes, peut être recalé avec 9,75 de moyenne, tandis que l'élève Paul Durand, de Créteil, peut être reçu avec 8,5.

Rappel : dans « DNB », il y a le « N » de « national ».

◗ Notre taux de réussite au diplôme national du bluff progresse, mais il est toujours inférieur à celui de nos voisins du collège privé. Qui, pourtant, stagne. Mais qui stagne à 100 %.

Normal : à chaque retour des vacances de Pâques, j'inscris en troisième plusieurs de leurs élèves à qui l'on a fait comprendre qu'ils n'étaient plus les bienvenus.

Et comme dans le public c'est *welcome everybody*…

◗ Nos résultats au diplôme national des bobards sont médiocres. Évidemment ! *Tous* nos collégiens composent ! Je devrais procéder comme certains collègues qui « déconseillent » à leurs mauvais élèves de venir perdre leur temps le jour de l'examen. Précision : les absents ne sont pas comptabilisés dans les statistiques.

La fin justifie les moyens…

◗ Le ministre a décidé de supprimer la « note de vie scolaire » qui, par sa largesse, permettait – c'était la consigne quasi officielle – à un certain nombre d'élèves de décrocher leur diplôme national de la baisse. Aïe ! Et les sacro-saintes statistiques ? Heureusement, elles ne devraient pas trop avoir à en pâtir. Notre inspecteur d'académie nous a en effet déclaré :

> « Je ne m'inquiète pas pour le DNB. On va trouver autre chose pour maintenir le taux de réussite. »

Si c'est le chef qui le dit…

◗ Mon patron me reproche nos évaluations insuffisamment bienveillantes au contrôle continu et, corollaire, nos résultats « inférieurs aux attendus » au diplôme national des broutilles. Il me suggère de repasser discrètement derrière les professeurs pour ajouter quelques points sur les bulletins des pauvres traumatisés de la note. Je lui réponds que j'exécuterai sa consigne dès que j'en aurai reçu la confirmation écrite.

> « Courriel, mon frère courriel, ne vois-tu rien venir ?
> – Je ne vois rien que le soleil qui poudroie, et l'herbe qui verdoie. »

Je résume : soit j'entérine les compétences que les professeurs ont validées en leur âme et conscience sur les livrets de nos élèves, et nous avons de mauvais résultats ; soit, grâce à mon code secret, je passe derrière eux et je coche subrepticement quelques cases afin d'augmenter notre pourcentage de réussite.

Moi qui m'appelle Romain, vais-je, comme Jules César, franchir le Rubicon ?

◗ Aujourd'hui, deuxième jour des épreuves du diplôme national biodégradable. Samir est absent, retenu par une obligation impérative : une garde à vue. Il faut dire qu'hier, devant le collège, ça a bardé : après avoir rangé les stylos, nos élèves ont sorti les couteaux.

Ce matin, quelques rescapés de la rixe retournent à leurs épreuves entre deux cordons de policiers dépêchés sur place.

Bonne chance à eux !

◗ « J'y suis peut-être allée un peu fort ! » m'avoue une collègue principale.

Elle a en effet si bien remonté les notes de ses élèves au contrôle continu que son collège de réseau d'éducation prioritaire a obtenu les meilleurs résultats du département au DNB !

En récompense de sa « bienveillance », elle obtiendra dès l'année suivante la direction d'un gros lycée.

◗ Ci-dessous, un extrait de ma lettre de mission, signée par l'inspecteur d'académie et le recteur :

> « La réussite au brevet demeure en deçà des attendus, marquée par le faible décalage contrôle terminal/contrôle continu (5 % vs 14 % en moyenne). »

Décryptage : « mes » professeurs, qui surnotent déjà nos élèves de 5 % par rapport au contrôle final, doivent passer à la vitesse supérieure, à savoir surnoter d'au moins 14 %. Ainsi, je serai dans la norme de mes collègues du département et obtiendrai de meilleurs résultats au diplôme national des bisounours.

Dans leur enfance, mes supérieurs devaient regarder *L'École des fans*...

◗ Un principal honnête présente ses 100 élèves de troisième au diplôme national des balivernes. Vingt échouent. Un de ses collègues, plus rusé, qui exerce dans un établissement comparable, arrive à convaincre les 15 pires élèves de ses 100 troisièmes de passer plutôt le CFG, premier niveau de diplôme de formation générale de l'Éducation nationale, examen destiné aux élèves en grande difficulté scolaire. Sur ses 85 collégiens restants qui se présentent au DNB, 5 échouent.

Dans les deux cas, 20 élèves n'ont pas obtenu leur DNB. Mais dans le premier, les statistiques affichent un taux de réussite de 80 %, alors que, dans le second, elles montent à 95 %.

Devinez quel chef d'établissement est le mieux vu de sa hiérarchie ?

◗ Dernière nouveauté qui réjouira les mathématiciens : la manière d'« arrondir » systématiquement au nombre supérieur lors des examens. Ainsi, l'élève qui a – généreusement – obtenu 8,1 est noté 9.

Vous me direz que l'on n'est plus à ça près…

▶ Année N. Un collège de centre-ville, composé essentiellement d'élèves issus de catégories socioprofessionnelles (CSP) favorisées, obtient 70 % de réussite au DNB.

Année N + 15. Ce collège s'est ghettoïsé. La population scolaire provient désormais essentiellement de CSP défavorisées, avec beaucoup d'élèves en grosse difficulté. Le taux de réussite au diplôme national des babillages est passé à 95 %.

Logique.

LE COLLÈGE POUR TOUS

Le collège est tenu d'accueillir *tous* les élèves. Cette belle et grande idée républicaine – même instruction, donc mêmes chances dans la vie – est une utopie.

À l'issue des dix années de scolarité obligatoire, entre le potache qui, dans un contexte favorable – camarades de classe sérieux et motivés –, travaille 99 % de son temps, et celui qui, du fait de cours tronqués pour cause de discipline à (r)établir, n'étudie que durant 20 % de ces mêmes heures, la différence de connaissances est abyssale.

C'est ainsi que les inégalités se creusent. Car l'enfant désireux de réussir ses études est évidemment pénalisé lorsqu'il subit des « sauvageons » – le terme n'est pas de moi, il est d'un ancien ministre – sur et hors son temps scolaire. Et ce ne sont pas les dénégations officielles qui changeront cette évidence ! Pour un pitchoun héroïque qui s'en sort malgré tout, combien se découragent devant l'ampleur de la tâche et la pression du « quartier » ?

Par ailleurs, nous devons intégrer des élèves incapables de suivre intellectuellement en faisant croire aux parents que leurs petits peuvent réussir Polytechnique. Quelle hypocrisie ! Quel manque de respect pour les géniteurs ! Et, au final, que de déception ! Que d'incompréhension ! Que de frustration !

▶ Deux élèves d'un ITEP[1], scolarisés dans notre collège, arrivent en retard. Ils se justifient :

> « C'est parce qu'ils nous avaient pas donné nos cachets ! »

La réponse n'en manque pas, de cachet !

▶ Un de nos élèves de troisième préfère entrer directement en apprentissage plutôt que de demander un lycée professionnel. Il m'explique sa motivation :

> « Sinon, là-bas, je vais retrouver mes copains et je vais mal tourner. »

Si seulement nos démago-pédagogistes étaient aussi lucides !

▶ Lendemain d'un conseil de discipline. Je regarde avec tendresse la preuve d'amour que l'élève – et/ou ses parents – exclu définitivement du collège nous a laissée : toutes nos poubelles sont renversées et leur contenu dispersé sur la voie publique.

J'apprécie cette marque d'affection autant que les précédentes : matériel détérioré, vitres cassées, grillage arraché, tags sur un mur du préau, pneu crevé… dont, une fois, celui de la voiture du seul membre du conseil qui avait plaidé la clémence !

Car c'est désormais la règle du jeu : tout chef d'établissement qui ose sanctionner un collégien s'expose à des

1. Institut thérapeutique, éducatif et pédagogique.

représailles. Ai-je besoin de préciser qu'aucun de ces actes délictueux « anonymes » n'est puni ?

P-S : Je n'évoque pas les rencontres fortuites ultérieures dans le quartier avec l'exclu en question – et sa bande –, qui m'apostrophe d'un ton menaçant alors que je me promène avec ma petite :

> « Ah, d'accord ! C'est elle, votre fille ? OK ! »

◗ Un enseignant vient me voir au sujet de notre journée « portes ouvertes » :

> « En fait, c'est contre-productif : les parents des élèves du primaire voient nos loustics et partent inscrire leur enfant dans le privé ! »

Pas faux...

◗ Les conditions de travail dans certains collèges de REP sont épouvantables. Pourtant, les velléités protestataires des professeurs qui y enseignent ne sont pas plus nombreuses qu'ailleurs. C'est que, pour acheter la paix sociale, l'Institution leur attribue des heures supplémentaires – défiscalisées – à ne plus savoir qu'en faire.

Tous mes remerciements aux voyous de ces établissements qui contribuent ainsi à l'amélioration du pouvoir d'achat des fonctionnaires de l'Éducation nationale !

◗ Le directeur du collège privé voisin a trouvé un moyen judicieux de recruter ses élèves : il leur fait passer un examen d'entrée. Ceux qui échouent – et qui rateront certainement leur DNB – se rabattent sur notre établissement public.

Je n'ai pas le droit de procéder ainsi. Lui, apparemment si, puisque personne ne s'en offusque.

◗ La plupart des élèves qui nous posent problème n'ont pas de structure familiale. Depuis la maternelle, une armée de fonctionnaires s'occupe d'eux. En première ligne, les fantassins assistantes sociales. Juste derrière, la cavalerie des éducateurs. Puis l'infanterie des psychologues, les cantinières-infirmières et les grenadiers médecins scolaires. Avec, en éclaireurs, les multiples secrétaires courtelinesques des généraux Hilmancune Piessodossié et Chpeuriendirh Sessecraie.

À ce cocktail déjà important, il faut souvent ajouter un zeste de policiers et un soupçon de magistrats. On prend donc tout ça, on mélange bien la pulpe, on laisse reposer quelques années, puis on observe le résultat. Bien souvent proche de zéro.

Les professeurs saturent de subir les carences éducatives de certains pseudo-parents. Mais il serait politiquement incorrect de suggérer que le système actuel a atteint sa limite. Que l'on pourrait peut-être tester d'autres solutions, pas forcément plus coûteuses, mais sûrement pas moins efficaces : internats sociaux ? suppression des allocations familiales ? pouvoir accru du législateur sur les copulateurs démissionnaires ?

On préfère continuer à se donner bonne conscience en ramant dans le vide. Et vogue la – coûteuse – galère...

◗ Kader n'est chez nous que depuis un mois. Aujourd'hui, il a caché un marteau dans son sac. « C'est pour me défendre », argumente-t-il en me tenant des propos incohérents.

Il vient d'un collège où, toujours à titre préventif, il avait apporté une machette. Mon collègue, peu tolérant, l'avait alors immédiatement exclu. Comme le principal de son établissement précédent qui, vieux jeu, n'avait pas accepté que Kader règle ses problèmes avec un couteau.

Je vais moi aussi exclure Kader. Et comme il n'a pas 16 ans, il sera rapidement rescolarisé ailleurs. C'est le jeu de la patate chaude, très prisé à l'Éducation nationale.

◗ Nombreux sont les parents d'élèves d'origine étrangère qui soutiennent systématiquement leur enfant car, pour eux : « Petit chéri est puni = l'enseignant est raciste. »

Quand j'étais petit, on disait : « C'est celui qui dit qui y est ! »

◗ 600 euros, c'est raisonnable !

600 euros, c'est ce que va nous coûter notre journée « portes ouvertes ». Il nous faut en effet désormais faire appel à des agents de sécurité pour que cette manifestation bon enfant se déroule sereinement.

C'est notre contribution à la lutte contre le chômage.

◗ Un des professeurs qui siègent au conseil de discipline du collège me demande d'excuser son absence à la séance de demain : son fils, scolarisé en primaire, est dans la même classe qu'un des petits frères du prédélinquant qui va comparaître devant cette instance.

V comme Vendetta.

◗ Un des délégués des élèves qui siègent au conseil de discipline s'est fait tabasser devant le collège par un élève exclu. Motif : a ouvert sa bouche durant la séance.

V comme Vendetta – *bis*.

LA LAÏCITÉ

Chaque chef d'établissement scolaire de France est tenu de placarder la « charte de la laïcité », qui rappelle l'évidence aux élèves et à leurs parents, à savoir que les religions doivent rester à la porte de notre école publique laïque. L'affiche est belle, elle est aux couleurs de notre pays. Dans notre collège, elle égaie le hall d'accueil.

L'initiative du ministre qui en avait donné l'ordre était évidemment louable. Même si, signe des temps, personne ne semble plus choqué que l'on soit obligé de rappeler constamment une des lois fondatrices de notre République laïque. Mais cette affiche ne sert strictement à rien : tout au long de ma carrière – notamment ces deux dernières décennies –, j'ai vu l'islam, pour ne pas le nommer, pratiquer l'entrisme dans notre école publique. Et ce de moins en moins discrètement.

De compromis en compromissions, le ministère rend la tâche des enseignants laïques de plus en plus difficile. Les médias s'emparent régulièrement de faits divers, mais ce n'est que la partie émergée de l'iceberg : au quotidien, la laïcité perd partout insidieusement du terrain. La loi de 1905, loi de tolérance, est régulièrement foulée du pied sans que personne n'ose s'élever. Peur d'être taxé de raciste ? Peur des vagues ? Peur tout court ? Aristide Briand doit se retourner dans sa tombe.

L'Histoire jugera sévèrement nos lâches décideurs actuels…

▶ Lorsque j'ai signalé à ma hiérarchie qu'une de nos élèves portait un bandana qui ressemblait fort à un voile, elle s'est empressée… d'en prendre note.

Lorsque j'ai signalé à ma hiérarchie qu'un de nos élèves avait crié « *Allah akbar !* » en se précipitant sur un de ses camarades pour le frapper, elle s'est empressée… d'en prendre note.

Lorsque j'ai signalé à ma hiérarchie qu'une de nos élèves avait donné à un professeur une feuille remplie d'adresses de sites web islamistes, elle s'est empressée… d'en prendre note.

Lorsque j'ai signalé à ma hiérarchie que des élèves avaient crié des slogans pro-Daech durant une minute de silence, elle s'est empressée… d'en prendre note.

Lorsque j'ai signalé à ma hiérarchie qu'en EPS un de nos élèves refusait d'être dans la même équipe qu'un dénommé David Cohen, elle s'est empressée… d'en prendre note.

Lorsque j'ai signalé à ma hiérarchie qu'un papa avait interdit à son fils de faire un exposé sur un dieu grec, comme le demandait le professeur, elle s'est empressée… d'en prendre note.

Lorsque j'ai signalé à ma hiérarchie qu'un de nos élèves refusait d'assister aux cours de SVT tant qu'on y parlerait de reproduction parce que « le prof raconte que des conneries, c'est Allah qu'a tout créé ! », elle s'est empressée… d'en prendre note.

Lorsque j'ai signalé à ma hiérarchie qu'un de nos élèves avait dit à son professeur qu'une fatwa avait été lancée contre tous les enseignants qui prônaient la laïcité, elle s'est empressée… d'en prendre note.

Aujourd'hui que le professeur documentaliste a surpris un élève en train d'égrener un chapelet musulman en récitant sa prière au CDI, je m'empresse donc… d'en prendre note.

◗ L'imam du quartier de l'établissement où je viens d'être affecté est un petit rusé. Pour la rentrée scolaire, il a donné comme consigne aux collégiennes de me tester en gardant le voile dans l'établissement, histoire de me faire croire que la collègue à qui je succède le tolérait. Face à mon intransigeance, la tentative n'a pas fait long feu.

Mais ça ne coûte rien d'essayer !

◗ Comme chaque fois que je – ou pire, qu'une professeure – donne une punition à un élève dont les parents sont des musulmans intégristes, j'ai l'estomac noué. Je sais en effet que le père, qui n'accepte que l'autorité de son Dieu, viendra probablement me voir, au mieux pour négocier, au pire pour exiger. En proférant des menaces à peine voilées – expression malheureuse en la circonstance –, voire en m'intimidant physiquement. Et s'il appelle l'inspection académique, je devrai céder. Car mon chef me demandera alors de mettre un mouchoir sur mon amour-propre, mes principes et ma laïcité.

C'est à cause de cette hiérarchie caponne, qui demande à ses subalternes d'abdiquer dès qu'un parent intégriste proteste, que la laïcité recule chaque jour subrepticement.

◗ Djamel, 13 ans, en situation de handicap, bénéficie des services d'une auxiliaire de vie scolaire – personne chargée de l'aider dans sa scolarité au quotidien. Mais Djamel, déjà bien embrigadé, ne supporte pas qu'une femme s'occupe de lui. Il exige donc d'être pris en charge par un homme.

Sous la pression de ses parents, l'Administration capitule. Évidemment.

◗ Lorsque j'ai demandé confirmation au service juridique du rectorat qu'une mère déléguée des parents d'élèves pouvait bien assister au conseil d'administration du collège avec son voile, la réponse a été immédiate et positive.

Lorsque j'ai enchaîné en demandant si une mère déléguée des parents d'élèves pouvait assister au conseil d'administration du collège avec sa croix autour du cou, j'ai eu le sentiment de soulever un lièvre. On a dit qu'on allait me recontacter… J'attends toujours la réponse.

Question subsidiaire: j'ai un père délégué adorateur de la déesse Nature, qui vient au conseil d'administration en tenue d'Adam. Peut-il garder sa feuille de vigne?

◗ Sortie scolaire. Un élève, qui se revendique haut et fort musulman, urine volontairement sur le mur d'une église. Prévenue, ma hiérarchie me demande de me montrer bienveillant et de faire semblant de croire que le Manneken-Pis souffre d'énurésie diurne…

C'est grave, docteur?

◗ Nos élèves germanistes reviennent d'une semaine chez leurs correspondants.

Lors du séjour, Ali a fait forte impression sur nos amis allemands. Non pas en chantant « Ali heilo » mais, entre autres, en provoquant un scandale chez la famille qui l'hébergeait, car la viande n'était pas *halal*, puis en refusant de visiter une église baroque, hurlant des « *Allah akbar* ! » devant l'édifice et criant – en français, il n'a même pas cherché à perfectionner son allemand – à qui voulait l'entendre qu'il préférait aller à La Mecque.

J'informe l'inspecteur d'académie de ce comportement et suis scrupuleusement ses conseils avisés : je ne prends aucune sanction.

Ne reste plus qu'à convaincre nos amis d'outre-Rhin que ce serait dommage de cesser nos échanges à cause d'un malentendu…

▶ Sous la pression de quelques familles musulmanes intégristes, la directrice d'une école maternelle a annulé la visite du père Noël et de sa hotte à cadeaux dans ses locaux. Face à la presse, l'inspecteur d'académie évoque un problème financier. Il est vite démenti par le maire de la commune concernée. Notre chef prétexte alors un défaut dans l'organisation de l'événement. Il n'en est évidemment rien, mais l'objectif est atteint : le calme revient peu à peu, et les médias locaux passent à autre chose.

Désormais, les petits de ce groupe scolaire ne fêteront plus Noël…

Au suivant !

▶ Une élève refuse d'aller à la piscine pour cause de « religion ». Je préviens mon inspecteur d'académie. Il me conseille la fermeté. Je lui réponds que je n'attends que son aval pour agir. Il rétropédale alors aussitôt, me dit qu'il va d'abord en parler au recteur, puis me conseille plutôt le dialogue :

> « Vous comprenez, monsieur le principal, par les temps qui courent, tout rappel à la laïcité peut être considéré comme un acte antimusulman ! »

Finalement, la seule chose comique, dans cette histoire, c'est que lorsque des élèves « sèchent » les cours où ils sont dans « l'eau », il ne faut pas provoquer de « vagues ». Vous me direz que ce n'est pas la mer à boire…

◗ L'inspecteur d'académie nous harangue :

> « Il n'y a aucune raison de mettre du poisson au menu le vendredi ! Vous dirigez des établissements laïques, et la religion n'y a pas droit de cité ! »

J'approuve silencieusement et attends la tirade suivante sur les menus sans porc.

Ah, non. C'était la fin de son discours, on passe aux questions diverses !

◗ Journée de formation. L'inspectrice « référente laïcité » de l'académie tente de nous convaincre que, finalement, si l'on n'avait pas empêché les collégiennes de porter le voile dans les établissements, les choses se seraient sans doute mieux passées…

Vive notre République laïque !

◗ Un personnel de direction dysfonctionne totalement depuis des années. L'inspecteur d'académie, au courant, le laisse commettre ses dégâts en toute impunité.

Faut-il y voir un lien avec le fait qu'ils font tous les deux partie de la même association « spirituelle » ?

◗ Je suis profondément, viscéralement, attaché à l'école laïque. Et je me targue de ne pas employer la langue de bois.

J'atteste et je certifie que, durant toute ma carrière, chaque fois qu'un parent intégriste a voulu placer son Dieu au-dessus du règlement intérieur du collège – et les incidents se sont multipliés ces dernières années –, c'était un adulte de confession musulmane. Et que chaque fois que ma hiérarchie a été sollicitée pour arbitrer le conflit, elle a cédé.

Que l'on s'offusque et/ou que l'on me juge, ce sont les faits, rien que les faits.

L'INTÉGRATION

Un des rôles de notre École de la République est de favoriser l'intégration de tous les élèves. Noble objectif, qu'aucune personne sensée ne remet en cause, et heureusement. Hélas, nos dirigeants s'en tiennent au postulat suivant : il suffit de scolariser des enfants étrangers dans le même lieu que les autochtones pour qu'ils s'intègrent.

Si tout est parfait en théorie, les choses se passent un tant soit peu différemment sur le terrain : trop souvent, nos collégiens se côtoient plus qu'ils ne se mixent. En fait, ils reproduisent dans leur établissement les mêmes regroupements communautaires qu'ils vivent – subissent ? – dans leur quartier.

La bienveillance dont la hiérarchie nous demande de faire preuve et la peur viscérale d'être taxé de racisme induisent une autocensure qui, paradoxalement, est contre-productive : plutôt que d'éduquer les élèves étrangers aux valeurs de la République française, ce qui leur permettrait de s'intégrer réellement, on les laisse s'ancrer dans leur culture d'origine pour ne pas les traumatiser. De fait, cela exacerbe les tensions et laisse ces petits, un peu perdus, aux mains de ceux qui font du prosélytisme antifrançais.

◗ Coïncidence : 80 % des 10 % de nos élèves qui, refusant de s'intégrer, revendiquent ouvertement leur origine étrangère causent 80 % des problèmes disciplinaires de l'ensemble de notre collège.

Peut-être, là-haut, pourrait-on se pencher sur ces statistiques, non trafiquées, celles-là ?

◗ J'inscris Saïd, qui arrive d'Afrique, au collège. Il m'annonce fièrement sa taille : 1,93 mètre. Pour, à mon avis, 90 kilogrammes au moins. Officiellement, Saïd a 11 ans. Bienvenue en cinquième, Saïd...

... mais, vas-y mollo : en ce moment, en EPS, c'est cycle rugby !

◗ Muhammad, officiellement 14 ans, mineur étranger en situation irrégulière, est posté devant les toilettes de la cour. Il joue les vigiles et en filtre l'accès :

> « Toi, t'es Blanc, tu rentres pas ! »

Autorise-t-il les métis à soulager la moitié de leur vessie ?

◗ Ali et Mamadou, que nous avons accueillis à leur arrivée en France, ont vite trouvé leurs marques : il leur a suffi d'à peine un mois pour devenir les deux terreurs du collège. L'un, moustachu d'1,80 mètre, joue les gros bras tandis que l'autre, petite frappe hargneuse d'1,50 mètre, est plus dans la menace insidieuse.

Je ne sais pas si la science confirmerait ce que leurs papiers d'identité officiels attestent : ils sont jumeaux !

◗ La plupart des collégiens affectés à l'« unité pédagogique pour élèves allophones arrivants » de notre établissement débarquent de leur pays d'origine polis, serviables et disciplinés. Classe à faible effectif et encadrement assuré par des professionnels spécialement formés, tout est réuni pour qu'ils progressent et s'intègrent. Après quelques semaines d'adaptation – le temps de réaliser qu'en France, au collège, on peut faire ce que l'on veut en toute impunité –, ils se lâchent. Résultat : six mois plus tard, la majorité d'entre eux sont devenus aussi terribles que les voyous de notre bahut qui les ont pris sous leur protection.

L'*Homo sapiens* a une capacité d'adaptation extraordinaire !

◗ Élections des délégués des élèves. L'occasion pour chaque professeur principal d'aborder les notions de citoyenneté, de démocratie, de suffrage universel, etc. Comme chaque année, des petits comiques s'en donnent à cœur joie en laissant des inscriptions hilarantes sur leurs bulletins de vote : « al-Qaida », « Daech », « Ben Laden », « *remember* Bataclan », « *Allah Akbar* », etc.

Les auteurs anonymes de ces dédicaces philosophiques s'inspirent sans doute du titre de l'article de Jean-Paul Sartre dans *Les Temps modernes* : « Élections, piège à cons » !

◗ Chaque matin, après une nuit à traficoter, Ahmed se rase et vient – en retard – au collège. Il frappe un ou deux « camarades », mange – gratuitement – au self, insulte quelques professeurs – pas tous : uniquement les femmes – puis s'en retourne lire le Coran dans sa chambre d'hôtel. De fait, Ahmed est un « mineur isolé étranger ». J'ai pour consigne de ne pas l'exclure du collège afin que l'on puisse continuer à garder un œil sur lui.

Car on pense qu'Ahmed est déjà radicalisé.

◗ Moyenne annuelle d'un élève « nouvel arrivant », multi-absentéiste de troisième : français, 2/20 ; maths,

1/20; physique-chimie, 0/20; SVT, 0/20; histoire-géo, absent; anglais, absent; espagnol, absent; EPS, absent.

Les géniteurs demandent évidemment un passage en seconde générale. Refus du conseil de classe. La mère vient faire un scandale au collège:

> « C'est ça, la France: quand on n'est pas blanc, on ne peut pas aller en seconde! »

Un groupuscule suprémaciste noir publie illico des calomnies sur un réseau social, accusant « l'idéologie de l'Éducation nationale », et appelle à venir manifester dans mon bureau.

Commission d'appel. Les parents du génie incompris obtiennent satisfaction: passage au lycée général. Ouf!

La barre est haute, mais je ne désespère pas de voir pire encore...

◗ Je demande à un jeune professeur français, né de parents français, nouvellement nommé dans mon collège, comment se prononce son nom, à consonance maghrébine. Il me répond innocemment:

> « Dans ma langue, ça se prononce..., mais en français... »

Bel exemple d'intégration!

◗ Une enseignante d'origine marocaine me confie:

> « Il y a des collèges dans lesquels je ne peux pas aller: les parents ne comprendraient pas que je ne porte pas le voile! »

◗ Cette même professeure, attachée aux valeurs de notre pays qui a accueilli ses parents, n'emploie pas la langue de bois si chère à nos élites. Lorsque ses élèves dérapent, elle les sermonne sans filtre:

> « Vous êtes la honte de l'immigration ! C'est à cause de gens comme vous que ma famille est montrée du doigt ! »

◗ Son collègue, également originaire d'Afrique du Nord, préfère pratiquer l'intégration sélective : il appelle ses élèves algériens, marocains et tunisiens « mes frères ».

◗ Depuis quelques jours, je n'ose plus sortir de mon logement de fonction pour me promener dans mon quartier cosmopolite. Je l'ai bien cherché : le conseil de discipline de mon collège a en effet exclu définitivement un de nos élèves alors que, la veille, ses grands frères étaient venus gentiment me prévenir que ce serait une mauvaise idée...

Moi qui suis taillé comme une allumette, je vous garantis qu'un homme averti n'en vaut pas deux !

◗ Finalement, en tant que seul représentant de l'État qui habite ce quartier chaud – les autres appartements dévolus aux fonctionnaires sont vides, car ces derniers ont décliné la proposition de logement formulée par leur administration –, je me sens un peu en résidence surveillée. Heureusement, mon jardinet est à l'abri des balcons et des snipers. Ne le répétez pas à mon inspectrice, elle me traiterait de menteur. Car elle s'est étonnée devant nous :

> « Je ne comprends pas tout ce que l'on raconte sur ce quartier. Moi, l'autre jour, en sortant de notre réunion, je suis allée acheter du pain et je n'ai eu aucun problème ! »

Précision : la boulangerie est à 30 mètres du commissariat, et le séminaire s'est terminé à 16 heures...

La croix de guerre pour l'intrépide haute fonctionnaire !

LE SYSTÈME, AVEC UN GRAND S

Avec 1 162 850 employés[1], l'Éducation nationale ne se gère évidemment pas comme une simple PME. Outre les lourdeurs inhérentes à toute administration, l'importance de ce ministère engendre un fonctionnement pour le moins chaotique.

Les multiples intérêts divergents de ces centaines de milliers de « collaborateurs » conduisent à des décisions étranges, prises la plupart du temps sans que les principaux concernés soient consultés. Cela va du nouveau logiciel qui complique la vie des secrétaires d'établissement plutôt que de la simplifier au professeur volontaire pour travailler, mais empêché de reprendre ses cours, car la commission *ad hoc* ne s'est pas réunie, en passant par les jurys composés de personnes n'ayant pas elles-mêmes le niveau de l'examen qu'elles font passer.

À quand un audit sur le fonctionnement de l'Éducation nationale réalisé par un cabinet indépendant ?

1. https://www.education.gouv.fr/l-education-nationale-en-chiffres-2020-305457

◗ Juin. Je demande une classe supplémentaire à l'inspection académique pour la rentrée prochaine – je sais qu'elle garde toujours une petite réserve de moyens au cas où des parents protesteraient trop fort –, car nous attendons un afflux d'élèves non prévu. Refus poli et argumenté :

> « Notre service a des chiffres fiables. Les vôtres sont erronés ! »

Fin août. Je peaufine les emplois du temps et les distribue dans les différents services. Les collégiens sont répartis dans les divisions surchargées. Ouf, ma rentrée est bouclée ! Satisfaction du devoir accompli.

Coup de téléphone de l'inspection académique :

> « Au vu de ce que vous nous avez dit en juin, finalement, vous pouvez ouvrir une classe supplémentaire ! »

Je dois donc tout recommencer. Demain, c'est la prérentrée...

La pilule est amère.

◗ Je dirige un collège de 900 élèves, dont 650 demi-pensionnaires. C'est sans doute parce que c'est un gros établissement compliqué à gérer que le rectorat a nommé pour cette rentrée un gestionnaire qui n'a jamais exercé cette fonction, ni dirigé une équipe, ni établi un budget.

Au bon endroit et au bon moment !

◗ Le taux de réussite de notre collège au DNB a fortement augmenté. Celui du passage de nos élèves en seconde générale également. Conséquence de ces bons résultats : nos effectifs explosent parce que notre réputation devient meilleure que celle de l'établissement privé qui nous fait concurrence. En récompense, l'Institution diminue les moyens qu'elle nous attribue.

Je l'annonce à « mes » professeurs lors de la réunion de prérentrée, histoire de les motiver...

◗ Notre établissement accueille des enfants lourdement handicapés. Depuis la rentrée, les professeurs sont un peu dans le flou quant aux emplois du temps, aux soins et aux spécificités de ces collégiens particuliers. De nombreuses questions restent en suspens. Fin septembre, après une centaine d'appels téléphoniques infructueux auprès de l'« enseignant référent » de nos pitchouns en situation de handicap, j'invite les différents intervenants à une réunion afin que l'année commence réellement pour nos pauvres élèves.

Quinze jours plus tard, le révérend référent fantôme – à qui j'ai envoyé le compte rendu – se rappelle à mon bon souvenir. Il est furibard, car le texte de loi stipule que c'est lui qui doit mener les débats pour monter les « projets personnalisés de scolarisation » ! Contacté, l'inspecteur d'académie me félicite pour mon initiative, mais me formule un reproche gravissime : je n'aurais pas dû appeler cette réunion « PPS[2] ». Je dois donc réécrire ma copie : j'ai officiellement invité les gens à une « équipe éducative ». Charge maintenant à l'« enseignant référent » de convoquer à nouveau ces mêmes personnes à un « PPS » en bonne et due forme pour entériner les décisions que nous avons déjà prises.

Ouf, l'honneur est sauf !

◗ Fin septembre. L'ordinateur de gestion de notre CDI est inutilisable depuis la rentrée. Un informaticien du rectorat

2. Projet personnalisé de scolarisation.

se déplace enfin pour le réparer. Il me prie de l'excuser pour le délai : jusqu'à avant-hier, il était en vacances.

J'ignore quels établissements scolaires il a dépannés en juillet et en août, lorsqu'il « travaillait ».

◗ Julie, placée en urgence depuis hier dans une famille d'accueil, débarque chez nous ce matin. Avec son regard fuyant et sa manière de rentrer la tête dans les épaules, je me doute qu'elle traîne un sacré nombre de casseroles. D'où vient-elle ? Qu'a-t-elle fait ? Qu'a-t-elle subi ? Impossible de le savoir. Les services sociaux imposent un black-out total sur le sujet. Le code de déclenchement de l'arme atomique, à côté, c'est un secret de Polichinelle.

Un jour ou l'autre, inévitablement, les professeurs commettront une gaffe vis-à-vis de Julie. Mais qu'importe, l'essentiel est là : le secret reste inviolé.

Chut ! Ne le répétez pas !

◗ Octobre. Je reçois ce matin des consignes à distribuer aux parents d'élèves afin de les aider à constituer des listes pour les élections de leurs délégués. Les inscriptions sont closes depuis hier.

Vieux motard que jamais !

◗ J'ai enfin trouvé une solution pour que nos élèves arrivent à l'heure le matin ! Une fois le portail fermé, qu'il pleuve ou qu'il vente, nous laissons les retardataires chroniques poireauter dehors. Au bout de dix minutes, nous leur ouvrons et les emmenons dans une salle où ils copient bêtement des lignes.

J'ai donné cette consigne parce que c'est ma dernière année d'exercice : je n'ai pas le droit d'agir ainsi. Peut-être parce que c'est simple et efficace...

▶ Janvier. Je soumets ma proposition de répartition des heures d'enseignement attribuées à notre collège pour l'année prochaine au vote de notre conseil d'administration – instance composée de membres de droit et d'élus de parents, de professeurs, de personnels de service et d'élèves.

Si le CA vote contre, je dois convoquer à nouveau ses 30 membres. Et si lors de cette seconde séance, il vote encore contre... cela ne change rien : ma proposition s'applique.

Un collègue chef d'établissement a trouvé la parade pour éviter cette mascarade. Dès l'entame des négociations, il a prévenu l'assemblée :

> « Si ce soir, le CA vote contre, j'ai prévu la deuxième réunion la semaine prochaine, pendant les vacances. »

Conséquence : les opposants se sont contentés de s'abstenir.

La démocratie a ses limites !

▶ Une formatrice de l'INSPE[3] m'appelle à 8 heures : elle ne peut pas venir visiter son enseignant stagiaire ce matin. Pauvre bébé-prof ! Lui qui peaufinait sa séance « spécial visite de la conseillère pédagogique » depuis des jours...

En fait, non, pas tant que ça : bébé-prof connaît bien son évaluatrice. C'est une habituée des retards, annulations de dernière minute et arrêts médicaux divers et variés.

Faites ce que je dis...

▶ Début mai. L'Éducation nationale paie un stage de dix jours en Grande-Bretagne à un collègue chef

3. Institut national supérieur du professorat et de l'éducation.

d'établissement afin qu'il découvre « les différents systèmes éducatifs de l'Union européenne ».

Début juillet. Je trinque à sa santé, car il part à la retraite.

◗ Réunion de la commission des fonds sociaux du collège. L'assistante sociale qui présente les dossiers voue un culte à la déesse KashÔThrih. On examine donc les cas de manière anonyme.

Résultat : Mme Sèdlatriche obtient une aide de 150 euros, alors que nous savons pertinemment qu'elle vit en concubinage avec un chef d'entreprise dont les émoluments mensuels doivent correspondre à mon salaire trimestriel. Plus grave, on refuse toute aide à Mme Trauponaite, qui était à l'aise financièrement l'année dernière mais qui vit depuis janvier une situation personnelle dramatique, ce que, par pudeur, elle n'a pas osé écrire sur le formulaire de demande.

Je donne mon avis à la fan de *Secret Story* sur sa religion ésotérique. J'espère pour ma carrière qu'elle saura garder sa langue !

◗ Je reçois un e-mail du rectorat à transmettre à tous les personnels. On leur propose de participer à un stage d'une journée – absence non remplacée. Thème : « Le bonheur à l'école ».

Si tous les professeurs de « mon » collège s'y inscrivent, sûr que ça ne va pas faire le mien, de bonheur !

◗ Mi-mai. Je dois libérer de cours un professeur néotitulaire nommé en septembre dernier pour qu'il puisse assister à un stage d'une journée.

Thème de la formation : « Prendre sa classe en main ».

◗ Lucas a tabassé Arnaud dans la cour du collège. Ce dernier, durant sa semaine d'absence pour cause de cocards, continue à payer le self. Son agresseur, durant sa semaine d'exclusion pour cause de crochets du gauche, est remboursé de ses repas non pris.

Dura lex, sed lex: c'est écrit dans le règlement intérieur.

◗ 24 mai. Les parents de Kévin, exclu de son collège, souhaitent que leur enfant soit scolarisé dans le nôtre. Conformément à la loi, on ne leur donne pas le choix: il est affecté ailleurs.

Sitôt Kévin inscrit dans son nouvel établissement, les géniteurs effectuent une demande officielle de dérogation pour notre bahut. Car c'est la période.

29 juin. Ils obtiennent satisfaction.

« Il ne faut jamais rester sur un échec ! » disait ma grand-mère, qui ne travaillait pourtant pas pour l'Éducation nationale...

◗ Juin. Remontée des notes des élèves de troisième dans le logiciel orientation du rectorat. Un collègue entre, « par mégarde », celles de quatrième d'un de ses cancres.

Juillet. Grâce à ses « moins pires » résultats, le pirate est affecté dans la seconde professionnelle de son choix. Un de mes élèves, méritant et motivé mais avec des lacunes certaines, doit, lui, redoubler sa troisième, faute de place dans la filière du collégien dont le principal a été plus roublard que moi.

Tricher n'est pas jouer ? À l'Éducation nationale, si !

◗ Chouchou veut aller en seconde générale. Avec 2/20 en français, 1/20 en maths, 1/20 en histoire-géo, 1/20 en anglais et 0,5/20 en espagnol, les méchants professeurs refusent. Maman fait donc appel de la décision de redoublement.

Rencontre obligatoire avec la famille : une heure ; constitution du dossier : une heure et une cinquantaine de photocopies. Déplacement du professeur principal devant la commission d'appel : cours annulés. À 20 kilomètres de là : frais d'essence. Commission composée d'une douzaine de personnes qui ont sans doute autre chose à faire en cette fin d'année scolaire. Pour, au final, un refus.

Qui ne tente rien n'a rien, n'est-ce pas ?

◗ Je suis assailli de coups de fil de parents inquiets : le ministre vient d'annoncer à la télé le report du DNB à cause de la canicule.

La France entière est donc au courant, sauf les principaux des collèges qui organisent l'examen. Quel mépris pour la fonction !

Une heure plus tard, e-mail de l'inspecteur d'académie :

> « Nous avons, comme vous, lu dans la presse les informations relatives au report du DNB. Il convient d'attendre de disposer d'une information officielle. »

En attendant que le ministre certifie bien à notre chef que ce n'est pas son sosie qui s'est exprimé devant les médias, je réponds donc aux parents que la nouvelle « n'est pas confirmée ».

Heureusement, le ridicule ne tue pas !

◗ Pour cause de canicule, le DNB a été reporté aux 1er et 2 juillet. La fin de l'année scolaire étant fixée au 5, il n'y a donc aucune raison – autre que médicale – pour que les élèves soient absents à cet examen. Je reçois pourtant une note du rectorat :

> « Les motifs liés à des départs pour raison familiale, séjour linguistique ou tout autre motif seront acceptés sous réserve que des justificatifs soient produits. »

Dans le cadre de sa lutte contre l'absentéisme scolaire, le ministère valide de fait les départs anticipés en vacances.

◗ Passage des épreuves du DNB. Un élève se présente sans pièce d'identité et avec un quart d'heure de retard. Je suis bien embêté, car nous avons reçu de la hiérarchie deux consignes légèrement contradictoires :

1. « Papiers d'identité obligatoires pour tous les candidats. Accès aux locaux interdit une fois les épreuves commencées. »
2. « Faire preuve de bienveillance à l'égard des candidats. »

Devinez ce que je vais décider !

◗ 29 juin. Le nombre d'heures de travail hebdomadaire des quatre professeurs stagiaires nommés dans mon établissement passe – le décret vient de sortir – de 18 à 15. 4 stagiaires x 3 heures en moins = 12 heures de cours à trouver. Je dois recommencer tout mon travail de répartition de services des enseignants. Je n'ose penser à ce que cela doit représenter comme labeur supplémentaire pour les fonctionnaires de catégorie C des inspections académiques et des rectorats...

Mais bon. Ce ne sont que de petites gens aux yeux des décideurs de la rue de Grenelle...

◗ En juillet, certains élèves de troisième n'ayant rien fichu de l'année, ô surprise, n'obtiennent aucune affectation en lycée professionnel. En septembre, ne sachant que faire, ils demandent à redoubler. Et nous avons obligation de les accepter. Ainsi, ils peuvent embêter une deuxième cuvée de camarades. Les mêmes causes provoquant les mêmes effets, un an plus tard le résultat est identique.

Coût d'une année scolaire pour l'État : 8 710 euros par collégien[4], essentiellement en frais de personnels. Vous me direz que ça ne représente jamais que 0,000012 % de son déficit public 2019[5], mais quand même !

◗ M. Multikarte encadre régulièrement des stages de formation continue à destination des néoprofesseurs. Il est également tuteur d'un jeune enseignant à qui il rend visite une fois par semaine. Par ailleurs, la hiérarchie lui confie des missions d'inspection qui l'emmènent à l'autre bout de l'académie. Comme il est aussi moniteur de secourisme, le rectorat fait régulièrement appel à lui afin d'animer des sessions de PSC1[6] pour des personnels de l'Éducation nationale.

Accessoirement, M. Multikarte est professeur dans l'établissement que je dirige. Uniquement jusqu'à fin mai : ensuite, il est réquisitionné pour faire passer divers examens. Cette année, sans jamais avoir été malade – ni remplacé –, M. Multikarte a été absent à 27 % de ses cours.

Et moi, j'ai tenté de calmer 100 % des parents mécontents.

◗ Juin : la hiérarchie entérine, dans un même collège, les mutations simultanées du principal, de l'adjoint, de la gestionnaire, du CPE et de la secrétaire.

La nouvelle équipe mettra un trimestre avant de voir le jour.

4. https://www.education.gouv.fr/le-budget-et-les-finances-du-systeme-educatif-89252

5. https://www.insee.fr/fr/statistiques/4470888

6. Prévention et secours civiques de niveau 1.

◗ Cinq ans déjà qu'à chaque accident scolaire je devrais compléter et renvoyer quatre pages d'enquête à l'Observatoire national de je ne sais quoi. Comme on ne m'a toujours rien reproché, je continue à m'épargner ce travail indispensable.

L'Éducation nationale a l'air de survivre à mon manquement...

◗ Je dois remettre mon rapport annuel de fonctionnement pédagogique – mémoire d'une trentaine de pages – à ma hiérarchie, qui ne le lira pas. Je décide donc de rentabiliser celui de l'année dernière en rendant exactement le même. J'actualise juste les dates.

Aucun retour.

◗ L'année suivante, enhardi, j'utilise une technique encore moins chronophage : « j'oublie » de rendre le pensum. La bonne marche de notre noble Institution ne semble pas entravée. Je renouvelle donc l'expérience...

C'était il y a dix ans.

◗ Enfermé dans mon bureau, je commence une liste récapitulative des chefs d'établissement et des inspecteurs que j'ai côtoyés durant ma carrière et qui ont usé de leur grade, et du pouvoir en *-tion* qui va avec – évaluation, mutation, promotion –, pour coucher avec un subalterne.

Ne m'attendez pas, je risque d'en avoir pour un bout de temps...

◗ Chaque été, des familles déménagent à la cloche de bois, laissant une ardoise au collège. Elles pourraient facilement être retrouvées, car la loi est claire : en France, on ne peut pas inscrire un élève sans un papier officiel délivré par son établissement précédent, document attestant que la famille est financièrement en règle. Mais il existe une autre loi qui contredit légèrement la précédente : on ne peut pas refuser l'inscription d'un collégien, puisque la scolarité est obligatoire.

Chaque rentrée, des milliers d'établissements scolaires s'assoient donc sur quelques centaines d'euros…

> « C'est beau, c'est grand, c'est généreux, la France ! »
>
> Charles de Gaulle

◗ Le principal du collège voisin applique la réforme avec zèle. Chaque trimestre, il demande à ses professeurs principaux de remettre aux parents les livrets d'évaluation des élèves conformes aux derniers desiderata ministériels : 15 pages de langage abscons.

Revers de la médaille :

1) il n'a pas assez de trois réunions pour expliquer le document aux géniteurs, dont la moitié parle à peine français ;

2) ses budgets « papier » et « encre de couleur » ont explosé.

Et en plus, des mauvais coucheurs regrettent l'ancienne formule !

◗ Le rectorat a organisé un concours pour recruter des personnels administratifs. Diffusion des résultats… Oups ! La hiérarchie se rend compte qu'une grosse partie des admis ne remplissait pas les conditions pour se présenter.

Same player shoot again…

◗ Hier matin, coup de fil du rectorat : je suis bombardé formateur. En tant que plus ancien – mes deux collègues n'ont été prévenus que l'après-midi –, je suis le responsable de cette formation à un concours interne.

Aujourd'hui donc, grâce à quelques documents récupérés sur Internet, nous essayons de préparer au mieux nos candidats à l'épreuve de la semaine prochaine.

Bonne chance à eux !

◗ Le rectorat attribue des heures de « remplacement courte durée » (RCD) à chaque établissement afin de rémunérer les professeurs qui acceptent de suppléer au débotté un de leurs collègues ponctuellement absent. Vu que des dizaines de milliers de ces heures ont été utilisées cette année, le ministre claironne dans les médias qu'il a trouvé *la* solution pour pallier l'absentéisme des enseignants.

Quel naïf ! Tributaires d'un emploi du temps surchargé et incompatible avec celui du malade, très peu de professeurs peuvent/veulent remplacer un collègue pour quelques cours, face à des élèves qu'ils ne connaissent pas. C'est nous, les chefs d'établissement, qui trichons ! Auparavant, pour récompenser les enseignants qui montaient des actions pédagogiques spécifiques, nous disposions d'heures supplémentaires. Comme on nous les a supprimées, nous remercions désormais les professeurs investis en les payant avec ces – fausses – heures de remplacement.

Il ne faut pas prendre les principaux – que – pour des béni-oui-oui !

◗ Réunion de la commission administrative paritaire académique (CAPA), sorte de comité Théodule où siègent en nombre égal des représentants des professeurs et de l'Administration. En préambule, déclarations des délégués syndicaux. Durée : une heure. Puis on passe à l'ordre du jour. Durée : quelques minutes, puisque toutes les décisions ont déjà été prises en amont. Bilan: une trentaine d'enseignants se sont absentés une demi-journée de leur établissement.

30 professeurs x 4 heures = 120 heures de cours envolées. Soit l'équivalent d'un mois complet d'enseignement pour une classe de collège.

À la recherche du temps perdu…

▶ Afin d'aider à camoufler les chiffres du chômage, le ministre a décidé l'embauche de contrats aidés. Parmi eux, certains petits malins bien renseignés se sont empressés d'attaquer les chefs d'établissement – promus « employeurs de droit privé » par la courageuse Institution – aux prud'hommes sur des questions d'horaires, de missions ou de formation que même un docteur en droit aurait eu du mal à imaginer. Et les rectorats condamnés paient. Dans notre académie, par exemple, plusieurs postes d'assistants d'éducation ont été supprimés afin d'approvisionner la ligne budgétaire « indemnisation des pinailleurs ».

Oignez vilain, il vous poindra, poignez vilain, il vous oindra!

▶ Objet de la réunion du jour: comment réagir en cas d'attaque terroriste dans nos établissements scolaires. Sans langue de bois, les intervenants spécialistes de la sécurité – officiers de la gendarmerie et des sapeurs-pompiers, commissaire de police – nous expliquent qu'il faut ordonner aux élèves de fuir en ordre dispersé: il y aura certes des « dommages collatéraux » – *sic* –, mais c'est la seule solution pour éviter un carnage.

Ça tombe bien: la semaine dernière, notre hiérarchie nous a demandé d'effectuer un « exercice attentat ». Consigne: en cas d'attaque, il faut… se confiner.

Je ne veux désobéir à personne : si un individu armé fait irruption dans mon collège, nos quatrièmes et nos troisièmes s'enfuiront, nos sixièmes et nos cinquièmes s'enfermeront dans leurs salles. Ou l'inverse, on demandera au terroriste ce qu'il préfère...

▶ Dans toute sa carrière, un enseignant ne doit assurer correctement qu'un seul cours : celui de sa titularisation. Et encore ! On manque tellement de professeurs...

Ensuite, bon an, mal an, il grimpe ses 11 échelons régulièrement, sa feuille de paie s'alourdissant – un peu – à chaque barreau supérieur. Durant ses quarante-deux années d'enseignement, il ne sera évalué que deux fois. L'excellent professeur accédera donc, deux fois dans sa carrière, un an plus tôt à l'échelon suivant. Quant au pire de ses collègues, il ne sera évidemment pas freiné dans sa progression.

Devise de l'Éducation nationale : *Égalité, Égalité, Égalité...*

▶ Il y a deux ans, des milliers d'heures de cours ont été supprimées pour permettre aux professeurs de « s'approprier » la réforme portée par l'ancien ministre, réforme abandonnée cette année par le nouveau. Je parie un paquet de cacahuètes que, d'ici peu, des milliers d'heures de cours seront supprimées pour permettre aux professeurs de...

Complétez la phrase.

Vous avez réussi ? Félicitations !

Vous avez raté ? Félicitations également !

Ah ! bienveillance, quand tu nous tiens !

▶ L'Institution attendait 70 % de réussite au bac dans un lycée voisin « difficile » ; il y en a eu 85 %. On peut donc clairement parler là d'« effet professeurs ». Quelle récompense vont recevoir ces enseignants performants et dévoués ? Aucune. Ni gratification pécuniaire, ni avancement, ni même rab de frites à la cantine.

Ni bien sûr les palmes académiques, réservées aux plus gradés... ou à ceux qui meurent dans l'exercice de leur fonction.

◗ Ça a commencé par l'éducation sexuelle. Puis l'éducation à la santé. Puis les drogues. Puis les conduites addictives en général. Puis les portables. Aujourd'hui, les professeurs doivent mettre en garde leurs élèves sur les dangers des réseaux sociaux. Tout cela au lieu d'enseigner...

J'ai dû rater quelque chose : il me semblait que c'étaient les parents qui élevaient leurs enfants. Donc qui abordaient naturellement ces thèmes avec eux, lors de discussions intrafamiliales...

◗ Pourquoi l'Éducation nationale *débauche*-t-elle des enseignants pour des missions de développement d'applications et/ou de maintenance informatique puis, afin de les remplacer, *embauche*-t-elle ensuite des enseignants qu'elle doit former ? Ne serait-ce pas plus simple – et autrement plus efficace – de recruter directement des informaticiens qualifiés ?

◗ Rentrée. Il nous manque un professeur de français. Tandis qu'un enseignant de français, « rattaché » à notre établissement, n'a pas de poste. Bref, des élèves sont sans professeur, et un professeur est sans élèves.

No comment.

◗ Un inspecteur me confie en off :

> « Vous vous rendez compte ? Les instructions officielles pour septembre sont parues

le 31 juillet ! Et elles contredisent les précédentes ! Comment voulez-vous travailler dans ces conditions ? Des profs m'appellent, ils n'y comprennent plus rien ! De toute façon, si on veut des infos fiables, il vaut mieux regarder BFM que d'attendre les textes : le ministre a choisi ce mode de communication... »

▶ Notre nouvelle gestionnaire, tout juste sortie de l'institut régional d'administration, ne connaît rien au fonctionnement d'un collège. Pour la former, le rectorat recrute... une contractuelle.

▶ J'appelle l'inspection académique car je sèche sur un problème administratif. Réponse par e-mail de la responsable du service concerné :

> « Suite à notre échange de ce jour, nous ne pouvons solutionner votre problème. Je vous invite à vous rapprocher d'un autre établissement pour connaître la procédure. »

Merci pour votre aide !

LA GRAISSE DU MAMMOUTH

En 1997, le ministre Claude Allègre avait parlé de « dégraisser le mammouth ». Cris d'orfraie des syndicats d'enseignants. Et pourtant ! Tout au long de ma carrière, à mon tout petit niveau, j'ai côtoyé des centaines de fonctionnaires – initialement formés à enseigner – détachés à des tâches toutes plus inutiles les unes que les autres. D'où le chiffre – que les professeurs qui enseignent à des classes de trente apprécieront à sa juste valeur – publié sur le site Internet du ministère : dans notre pays, le ratio professeur/élèves s'élève à 1 pour 14 !

Point n'est besoin de moyens supplémentaires pour avoir des divisions moins chargées. « Yaka » demander à tous les enseignants qui, au fil des ans, se sont transformés en représentants de mutuelle – Éducation nationale –, de banque – Éducation nationale –, de syndicat – Éducation nationale –, d'organisme de vacances – Éducation nationale –, d'associations diverses – Éducation nationale –, etc., de retourner à leurs premières amours...

Cette « graisse » n'est pas l'apanage des professeurs, loin de là. Il suffit d'éplucher les organigrammes des rectorats et des inspections académiques pour le constater. Vu qu'à chaque vague de « mutualisation des moyens » on supprime des postes de secrétaire tout en gardant les cadres aux titres pompeux, aujourd'hui, notre administration n'a plus rien à envier à l'armée mexicaine !

◗ Trois cents personnels de direction sont en séminaire à l'IH2EF[1] de Poitiers. Voyage, repas et hôtel pris en charge par l'Institution, évidemment – sinon, la formation aurait eu nettement moins de succès. Comme il fait un temps magnifique, les amphis sont vides l'après-midi : à une heure de là, La Rochelle et ses restaurants de fruits de mer sont autrement plus accueillants que les intervenants poussiéreux…

Peaux fragiles, protégez-vous !

◗ Je pars deux jours en stage. Transport – y compris la barque, car la formation se déroule sur un îlot –, repas et nuit dans un manoir remboursés par l'Administration. Crème indice 50 et lunettes de soleil indispensables : les quatre séances de travail de trois heures chacune – demi-heure de retard et pause de dix minutes qui en dure trente incluses – se déroulent sur la plage, privatisée pour l'occasion.

Nous sommes 12 stagiaires. Nos quatre formateurs *made in Éducation nationale* interviennent une demi-journée chacun et écoutent leurs collègues le reste du temps.

Attention au burn-out !

◗ Une collègue principale, la mort dans l'âme, se résout à abandonner son collège durant une semaine : elle part

1. Institut des hautes études de l'éducation et de la formation.

suivre un stage « Observation de pratiques pédagogiques différentes ».

J'espère qu'elle va penser à emporter la tenue adéquate pour bien se fondre dans le biotope local : nous sommes en mai et le séminaire se déroule aux îles Canaries.

◗ Propos entendus de la bouche d'un ponte du rectorat :

> « Je connais plusieurs personnes qui ont demandé leur mutation dans un collège parce qu'elles s'ennuyaient dans les bureaux : elles n'avaient rien à faire ! »

L'oisiveté est la mère de tous les vices.

◗ Dans le cadre de la réduction globale des effectifs, le rectorat a créé un service supplémentaire. Objectif de cette nouvelle entité quasi-fantôme : valider un poste de chef, poste dévolu à la future ex d'un inspecteur en échange de son silence lors de leur divorce…

Une forme d'anti-dot, quoi…

◗ Je reçois une note du rectorat :

> « Vous devez désigner dans votre établissement un assistant de prévention, à ne pas confondre avec l'assistant chargé de prévention. »

Les deux percevront évidemment une prime pour leur surcroît de travail.

Lequel ? Je cherche encore.

◗ Cet après-midi, le recteur vient visiter notre collège, situé à 5 kilomètres du rectorat. Bien que son véhicule de fonction soit équipé d'un GPS, son chauffeur consacre sa matinée à un repérage des lieux.

On n'est jamais trop prudent!

◗ Conférence sur les dangers des réseaux sociaux. Se succèdent au pupitre un inspecteur, un avocat, un procureur et un commissaire de police. Tous passionnants. Dernier intervenant: le «délégué à la vie lycéenne» du rectorat. Inintéressant et soporifique au possible. Jusqu'à l'année dernière, ce brillant orateur était professeur de mathématiques. Il est aujourd'hui «détaché» à cette mission exaltante.

Au fait... Notre académie manque cruellement d'enseignants en mathématiques.

◗ Il y a des années, chaque académie a tenté de son côté de créer une application pour élaborer les emplois du temps des professeurs. Dans ce cadre, des centaines d'enseignants ont été «détachés» et bombardés développeurs. Pendant ce temps, une petite entreprise privée s'est donné les moyens de concevoir un logiciel pratique et performant... qu'aujourd'hui pratiquement tous les établissements de France ont adopté. Les professeurs informaticiens amateurs ont donc travaillé pour rien au lieu de donner cours à des élèves. Autre conséquence: désormais, les collèges et les lycées versent chaque année des millions d'euros à la boîte informatique qui a le monopole du marché... et qui n'est pas philanthrope.

L'union de tous les «développeurs» de toutes les académies aurait pu faire la force. Mais, au final, le Goliath-Éducation nationale qui a voulu être efficace à moindres frais et en ordre dispersé s'est fait ratatiner par un David motivé et professionnel.

◗ Chaque académie doit désormais se doter d'une «équipe mobile de sécurité». Ce commando, composé d'assistants d'éducation et codirigé par deux retraités – un ancien inspecteur et un ancien officier de l'armée –, va résoudre immédiatement tous nos problèmes de discipline lorsque nous l'appellerons à la rescousse. Précision : comme cette création se fait à moyens constants, on a enlevé des personnels de surveillance dans les collèges pour rémunérer nos deux Zorro de la délinquance et leur troupe d'élite.

Les tontons flingueurs se présentent aux principaux. Résumé de leur discours :

> « Surtout, n'hésitez pas à faire appel à nous : nous connaissons mieux le terrain que vous ! Notre devise : Venimus, vidimus, vicimus[2] ! »

Accueil frisquet.

Rentrée suivante, ambition revue à la baisse : les cowboys, courageux mais pas téméraires, feront leur pub lors d'une réunion des CPE.

Accueil tiède.

Rentrée d'après, nouvelle dégringolade : le duo 5P – papy payé pour profiter pleinement – tentera sa chance en se pavanant devant les assistants d'éducation nouvellement recrutés. Lesquels écouteront poliment les supermen en costume-cravate.

Entre-temps, les comiques du *Muppet show* nous enverront régulièrement des e-mails pour nous rappeler leur existence, e-mails du genre : « cumulards cherchent occupation désespérément ».

Ou comment passer progressivement d'évêque à meunier...

2. « Nous sommes venus, nous avons vu, nous avons vaincu » ; allusion à la célèbre expression de Jules César.

◗ Chaque année, dans chaque académie, une commission accorde un congé de formation à quelques professeurs. Dans la nôtre, parmi les heureux élus de la dernière cuvée : un sexagénaire qui veut devenir sophrologue ; un qui va suivre une « initiation à la graphologie et à la graphothérapie » ; un autre un « master en marketing médias et communication » ; un autre encore une « formation diplômante aux techniques de lutherie ». Évidemment, l'employeur Éducation nationale ne contrôle pas l'assiduité des stagiaires durant leur année sabbatique et ne leur réclame aucun compte.

Soyons fous : et si l'on comparait le pourcentage des enseignants qui ont réussi leur reconversion grâce à ce congé et celui des professeurs qui ne l'ont sollicité que pour être rémunérés un an sans côtoyer d'élèves ?

◗ Dans mon académie, en quinze ans, le nombre d'élèves a augmenté de 10 %. L'effectif des hauts fonctionnaires, lui, a crû de 20 %.

Cherchez l'erreur...

◗ L'année dernière a été créé dans chaque département un énième comité Théodule chargé de brasser de l'air. Mon inspecteur m'a confié en off que, pour répondre à la commande, il a fallu transformer quatre postes de professeurs en heures de décharges syndicales pour les délégués d'enseignants qui siègent à ce symposium.

Le nouveau ministre, qui cherche à rationaliser les moyens, n'a qu'à supprimer ces commissions – dont la seule utilité est de servir de défouloir aux braves syndicalistes – pour récupérer illico presto et gratos des centaines de professeurs...

Chiche ?

◗ Qu'est-ce qu'une « classe-relais » ? C'est une structure qui accueille provisoirement des élèves infernaux afin, officiellement, de les inciter à rentrer dans le rang ; officieusement, de soulager les professeurs et les élèves de leur établissement d'origine. Taux d'encadrement : 4 adultes pour 6 enfants. Horaires : 9 heures-16 heures. Périodicité : quelques sessions d'une semaine par année scolaire.

En quinze ans, aucun des élèves que j'y ai envoyés n'a amélioré son comportement à son retour au collège.

Et si le ministère commandait un rapport sur l'efficacité de ce coûteux dispositif ?

◗ En cette froide journée d'hiver, réunion des cadres de notre académie peu glamour pour écouter un ponte du ministère vanter la nouvelle réforme. Le haut fonctionnaire expédie son intervention, car il n'a que peu de temps à nous consacrer : lui et ses collaborateurs s'envolent dans quelques heures pour une semaine aux Antilles afin de porter la bonne parole gouvernementale.

Quelle conscience professionnelle ! Sans son sacrifice, comment survivraient mes collègues des collectivités d'outre-mer ?

◗ Les élèves de la section sportive de notre collège consultent régulièrement – sur le temps scolaire – un psychologue agréé afin, je cite un de ces champions en culotte courte, « d'apprendre à gérer l'humiliation de la défaite ».

Tant qu'à rémunérer ce brave praticien avec l'argent de mes impôts, j'aimerais autant que ces séances indispensables soient proposées à ceux qui passent chaque jour sous les fourches caudines : les enseignants !

◗ Un inspecteur me détaille en off les conséquences de la réforme :

> « Comme il y a désormais moins de maths au lycée, aujourd'hui, on a trop de professeurs. Et comme on fait appel en premier aux titulaires, on a un tas de contractuels "CDIsés" qui restent chez eux, payés à ne rien faire. »

Je ne suis bien sûr au courant que d'une infime partie de ce gâchis humain et financier. Alors, oui, le mammouth Éducation nationale a une surcharge pondérale certaine. Mais la graisse n'est pas forcément à chercher du côté des professeurs lampistes qui tiennent vaillamment le choc face à leurs élèves…

LES MOYENS

Les syndicats d'enseignants réclament plus de moyens, notamment en remplaçants. En omettant toutefois de préciser qu'il y aurait déjà moins de problèmes si leurs délégués assuraient leurs cours devant leurs élèves au lieu de tenir des permanences syndicales.

Les personnels administratifs des établissements se plaignent – à juste titre – de leurs conditions de travail. Pour soulager sensiblement le quotidien de tous ces fonctionnaires de catégorie C, il suffirait tout simplement, à coût égal, de recruter des fourmis travailleuses à petits salaires plutôt que des cadres sup qui brassent de l'air. Même si l'éolien est tendance.

En fait, les moyens existent. Seulement, on les réserve aux projets qui sont dans l'air du temps. Et comme, par définition, le temps passe, les priorités varient au gré des ministres. D'où des actions coûteuses et ponctuelles, abandonnées sans être évaluées dès que la mode est passée et le gouvernement remanié.

La Cour des comptes prouverait mieux que moi que le budget de l'Éducation nationale est largement suffisant, pour peu qu'il soit bien utilisé...

◗ Septembre. Il nous manque quelques centaines d'euros pour acheter des manuels scolaires. J'appelle le rectorat. Ses caisses sont vides.

Novembre. Notre collège reçoit 40 000 euros de subvention exceptionnelle pour acheter des manuels conformes au nouveau programme de la nouvelle réforme.

À deux zéros près, pile ce qui nous manquait !

◗ Septembre. Je demande quelques heures supplémentaires à l'inspection académique afin de rémunérer des professeurs qui ont l'intention de s'investir dans un gros projet commun. Refus : même en raclant les fonds de tiroir, il ne reste rien.

Octobre. Cette même inspection attribue aveuglément des centaines d'heures supplémentaires pour rétribuer les enseignants qui s'investiront dans la réforme ministérielle...

Ni vu ni connu, j'utilise ces moyens pour ma requête initiale. Il me suffira ensuite d'écrire des carabistouilles lorsque je devrai justifier leur utilisation. Mais chut !

Tout le monde est content : les professeurs ont leur argent, et le ministre pense que les enseignants valident sa politique...

◗ Le rectorat alloue 20 000 euros à notre collège. Nous n'avons pourtant rien demandé. Mais le recteur souhaite sans doute vider ses caisses afin d'inciter le ministère à se montrer encore plus généreux avec son académie l'année prochaine...

◗ Durant toute l'année scolaire, sur son temps libre, une professeure a animé un club théâtre deux fois par semaine. Fin juin, ses membres ont donné une représentation remarquable de *Cyrano de Bergerac*. En récompense de son investissement, l'enseignante a royalement reçu trois heures supplémentaires de l'inspection académique.

Son collègue, plus au courant des critères d'attribution des subventions, en a touché dix fois plus pour avoir participé à deux actions ponctuelles sur son temps de travail, une sur la laïcité, l'autre sur le vivre-ensemble.

L'art de présenter des projets vendeurs.

◗ Reçu ce jour une note du recteur sur les moyens attribués aux établissements pour satisfaire la dernière réforme ministérielle :

> « L'enquête menée par mes services a confirmé que ces crédits sont très peu consommés. Je vous informe que cette subvention est élargie à d'autres achats. Cette mesure ponctuelle a pour unique objectif de résorber les reliquats de la subvention. »

Traduction :

« On ne sait que faire de cette manne financière, mais hors de question de la rendre à l'État. Achetez ce que vous voulez, profitez-en ! »

LE NIVEAU DES PROFESSEURS

Tout commercial le sait : c'est la loi de l'offre et de la demande qui dicte le marché. L'Éducation nationale n'échappe pas à cette règle.

Aujourd'hui que tous nos élèves sont performants – vous en doutez ? Consultez les taux de réussite aux examens ! –, ils sont de plus en plus nombreux à suivre des études. On a donc besoin de plus en plus d'enseignants.

Mais le métier de professeur est psychologiquement de plus en plus difficile et les salaires, qui stagnent, ne sont guère attractifs. Résultat : les vocations se raréfient. Beaucoup d'étudiants brillants qui souhaitaient initialement se lancer dans l'enseignement optent finalement pour une autre carrière professionnelle.

Conséquence : il y a moins de candidats aux concours de recrutement des professeurs que de postes à pourvoir. De fait, le niveau des derniers reçus – ou plutôt des « repêchés » – ainsi que celui de certains contractuels et vacataires – recrutés parce qu'il faut bien mettre un adulte en face de chaque classe – est trop souvent insuffisant pour assurer un enseignement de qualité.

◗ Témoignage *in extenso* que m'a livré – en off, évidemment – un haut fonctionnaire de l'Éducation nationale :

> « J'étais de jury au concours de professeurs des écoles, dans l'académie de Versailles. On a recruté quasiment tous les candidats. On a juste écarté ceux qui ne parlaient manifestement pas du tout français et les copies quasi blanches. Tous les autres ont été admis ou presque. Un grand nombre ne pouvait pas identifier le temps du verbe « était », et encore moins la nature de « leur » dans la phrase « Il leur a donné ». Même s'ils écrivaient « pronom démonstratif », « conjonctif » ou autre, on comptait bon. Et même s'ils avaient faux, ils n'étaient pas recalés. »

◗ 6,2/20. Pas mal, on a connu pire. 6,2/20, c'est le niveau auquel on est descendu cette année pour repêcher les candidats à l'épreuve d'admissibilité au CAPES de mathématiques.

C'est que notre pays a grandement besoin de professeurs émérites dans cette discipline pour former les scientifiques dont nous manquons cruellement !

◗ Octobre. Toujours pas de professeur d'allemand. Les parents des élèves concernés grondent.

Ce matin, surprise : une personne se présente à mon bureau. Elle a entendu dire que l'on cherchait quelqu'un parlant la langue de Goethe. Ayant vécu plusieurs années en Allemagne, elle pense pouvoir faire l'affaire. Elle habite près du collège et a besoin d'argent de poche. Les horaires lui conviennent. Cela lui permettra de sortir un peu, car elle s'ennuie, seule toute la journée à attendre son mari...

J'appelle l'IPR[1] d'allemand. Il souhaite parler à la candidate :

> « Passez-la-moi, je vais la tester ! »

J'assiste alors à une conversation téléphonique de deux minutes au maximum, d'où émergent de temps à autre un « *ja* » ou un « *Danke schön* ». Puis la Berlinoise me rend le combiné. L'IPR me confirme :

> « C'est bon, elle possède bien la langue ! Vous pouvez l'embaucher tout de suite, on va lui établir un contrat. Elle ira effectuer quelques jours de formation chez une collègue, en cours d'année, quand tout roulera ! »

C'était notre séance *speed dating* spécial « embauche à l'Éducation nationale ».

◗ Trois semaines qu'un enseignant est malade. Le rectorat m'appelle : ils viennent de recevoir une candidature spontanée par e-mail. Vu que le temps presse – les parents s'impatientent –, ma hiérarchie pare au plus pressé : elle dispense le futur professeur d'entretien d'embauche. Dès demain, le vacataire sera donc face à ses élèves. Sans aucune expérience. Pour le casier judiciaire, les diplômes et la formation, la responsable du service me précise :

> « L'essentiel, c'est de calmer les parents. Le reste, on verra plus tard. »

À l'Éducation nationale, on sait prioriser...

1. Inspecteur pédagogique régional.

◗ Vendredi. Le rectorat reçoit le CV d'une personne qui possède une licence de droit. Seule expérience pédagogique : elle a surveillé une fois l'examen du BTS.

Lundi matin : la pauvre est devant des élèves surexcités, dans mon collège de ZEP.

R.I.P.

◗ Le service concerné du rectorat peine à recruter quelqu'un pour remplacer un professeur de français. Sa responsable me fait part de ce qui lui reste en magasin :

> « On a une candidature d'un Roumain, mais on ne sait pas si ses diplômes sont valables en France. On a également un Africain qui nous a téléphoné. Lui, il a tous les diplômes nécessaires, mais on ne comprend rien à ce qu'il dit. Il nous reste aussi un TZR[2] dont personne ne veut et qui fait des dégâts partout où il passe. »

Faites vos jeux, messieurs dames !

◗ 12 mars. L'enseignant nommé par le rectorat – « Vous savez, monsieur le principal, à cette période de l'année, il ne faut pas être difficile ! » – se présente pour remplacer un de nos professeurs. Discipline enseignée par le malade : français. Diplôme du remplaçant : licence d'italien.

Parla francese ?

◗ J'émets un avis défavorable pour garder une professeure contractuelle vraiment pas faite pour le métier. Avis identique à celui de son chef d'établissement de l'année dernière. Et à celui d'il y a deux ans. Son inspecteur aussi a émis de grosses réserves sur ses capacités à enseigner. Et

2. Titulaire sur zone de remplacement.

« grosses réserves », en langage inspectoral, ça veut dire « totalement incompétent ».

Vu la pénurie d'enseignants dans sa discipline, cette agitée du bocal continuera évidemment à exercer ses talents dans l'académie…

Mais pas dans un établissement fréquenté par la progéniture de nos élites.

◗ Après avoir assisté au cours d'un jeune enseignant puis s'être entretenu avec lui, un inspecteur me dit :

> « Il y a clairement un manque de connaissances disciplinaires de sa part. C'est vraiment problématique. Que va-t-il pouvoir apprendre à ses élèves ? Et comment le faire progresser ? Il n'accepte aucune remarque ! »

Mais qui a adoubé ce candidat en lui donnant son master, si ce n'est l'Institution ? Où cet étudiant a-t-il emmagasiné ses – maigres – connaissances, si ce n'est dans des établissements scolaires français, en suivant le programme officiel ? Où a-t-il acquis cet ego surdimensionné, si ce n'est durant sa scolarité ?

◗ Aïe… La vacataire qui a remplacé le vacataire qui a succédé au vacataire qui avait remplacé la contractuelle qui avait succédé au remplaçant de la remplaçante du professeur de mathématiques titulaire est en retard.

En l'attendant, je vais donner un exercice de mémorisation à ses élèves : recopier les noms de tous leurs enseignants qui se sont succédé depuis septembre.

◗ Je reçois un professeur. Il est mécontent d'un courrier que je lui ai adressé, courrier dans lequel je récapitule de manière factuelle ses errements. Le gaillard commence par s'énerver et me menacer physiquement. Puis il éclate en sanglots et m'avoue qu'il est bipolaire, qu'il a passé deux ans en hôpital psychiatrique et qu'il est actuellement sous traitement médical lourd. Il reconnaît ne rien maîtriser dans son travail, mais m'explique que rester chez lui l'enfoncerait davantage.

Le médecin de l'Éducation nationale, non seulement est au courant, mais a validé la procédure: «travailler» est bon pour le moral de son patient. Et tant pis si cet enseignant représente un danger pour nos élèves.

Je connaissais la balnéothérapie, la phytothérapie, la luminothérapie et même la lithothérapie. Grâce à l'Institution, je sais qu'il existe également la *collègeothérapie*...

◗ Un formateur en mathématiques de l'INSPE se confie:

> «Depuis deux, trois ans, j'ai des problèmes de discipline avec les futurs professeurs des écoles. Vu que ce sont des littéraires pour la plupart, ils n'en ont rien à faire de ma matière. Ils estiment qu'il leur suffit d'avoir un niveau CM2 puisqu'ils n'enseigneront qu'à des primaires!»

Mais, au fait... Qui a «éduqué» ces futurs «éducateurs»?

◗ Réunion institutionnelle. La feuille de présence circule autour de la table. Tout en la signant, je lis ce que vient d'écrire ma voisine dans la case «fonction»: «éducatrisse spécialisé».

LES TERRIBLES SANCTIONS INTERNES

Officiellement, d'après leurs évaluations, 90 % des professeurs sont remarquables. Le secret de cette excellence ? Les syndicats d'enseignants sont tellement puissants que les inspecteurs – anciens profs trop heureux de ne plus se retrouver face aux élèves – ne se risquent pas à remettre en cause les qualités de ceux qu'ils visitent. Or, s'il y a dans l'Éducation nationale une majorité écrasante de personnels sérieux et consciencieux, on y rencontre aussi des fainéants, des extraterrestres, voire des individus dangereux. Mais quand un chef d'établissement signale le dysfonctionnement d'un professeur à sa hiérarchie, là-haut, c'est à qui sortira le plus grand parapluie…

Car ces quelques bras cassés sont fonctionnaires. Et la plupart du temps syndiqués. Donc défendus au même titre que leurs collègues consciencieux. Après des années de tergiversation, lorsque l'Institution estime qu'elle provoquera plus de vagues en laissant pourrir la situation qu'en agissant, elle ose alors avancer quelques sanctions. À pas feutrés.

Ce laxisme est scandaleux. D'une part pour les élèves qui subissent ces parasites, d'autre part pour leurs collègues qui s'investissent corps et âme dans leur métier, et que la vox populi met dans le même sac.

Mais pourquoi donc l'Éducation nationale garde-t-elle en son sein les brebis galeuses qui lui font du tort ?

◗ Un « adjoint d'enseignement » sexagénaire dysfonctionne depuis toujours. Cet enseignant, aujourd'hui placé en détachement – c'est-à-dire rémunéré sans être devant des élèves – pour des problèmes psy, demande à devenir professeur certifié en documentation par liste d'aptitude. Comme il y a moins de candidats que de postes, il reçoit un avis très favorable puis est promu.

Youpi !

◗ Le cuisinier d'un lycée, bordelais d'origine, demandait vainement sa mutation pour la terre de ses ancêtres depuis des années. Blues ? Mal du pays ? Toujours est-il qu'il a été pris la main dans le pot de confiture : vol, recel et revente de nourriture achetée par son bahut pour les élèves demi-pensionnaires. Réunion du conseil de discipline. Sentence sans appel de la hiérarchie : mutation d'office... en Gironde.

Bienvenue en Nouvelle-Aquitaine, camarade syndiqué !

◗ À l'issue du conseil de discipline d'un infirmier scolaire, la hiérarchie le conseille :

> « Ce serait peut-être préférable que vous quittiez votre établissement. Si vous formulez une demande de mutation, nous l'examinerons avec bienveillance. »

Au printemps suivant, ce mauvais élément passera donc devant tous ses collègues méritants et obtiendra un poste envié.

Vous voyez qu'à l'Éducation nationale on pratique la promotion au mérite !

▶ Une scène rarissime s'est déroulée devant le rectorat : les personnels d'un collège, du principal adjoint aux agents administratifs en passant par des professeurs, des assistants d'éducation et des agents de service, renforcés par les délégués des parents d'élèves, se sont rassemblés pour dénoncer les méthodes de management du chef d'établissement.

Face à cette lame de fond révolutionnaire, le recteur a pris la mesure qui s'imposait. Aujourd'hui, le principal est promu, comme il le souhaitait, proviseur dans un lycée du département voisin.

Voilà un Brave !

▶ Un professeur, condamné à six mois de prison avec sursis et 5 000 euros d'amende pour avoir envoyé plus de 1 000 SMS en un an à une collégienne, passe en conseil de discipline. Depuis deux ans – durée de la procédure –, il est suspendu à titre conservatoire, c'est-à-dire payé à rester chez lui. La sanction, terrible, tombe : il devra changer d'établissement scolaire s'il veut poursuivre sa carrière.

Na !

▶ Un autre enseignant, condamné pénalement pour agression sexuelle sur une élève de son collège et inscrit au fichier national automatisé des auteurs d'infractions sexuelles, a été mis à la retraite d'office. En attendant d'avoir l'âge de toucher sa pension dûment méritée, il reçoit chaque mois, grâce à l'indemnité pour perte d'emploi, l'équivalent de 80 % de son salaire.

Dans l'Éducation nationale, pas de pitié pour ce genre d'individus !

◗ Je me réjouis pour M. Samexit, professeur, qui vient de recevoir son arrêté de promotion. Hélas, je ne sais pas s'il va vraiment en profiter : suspendu à titre conservatoire – donc toujours rémunéré –, il est incarcéré depuis trois mois pour agressions sexuelles et viols…

Les faits s'étant produits à l'extérieur du collège, la carrière de ce prédateur présumé innocent n'a en effet pas à en pâtir.

Heu… Le traditionnel pot… en salle des profs ou au parloir ?

LES INSPECTEURS PÉDAGOGIQUES RÉGIONAUX

Un inspecteur pédagogique régional est un professeur qui, las de prêcher dans le désert, de se faire agresser par des élèves et de corriger des tonnes de copies, a décidé de passer un concours qui lui permettrait de gagner plus confortablement sa vie tout en évitant ces désagréments inhérents au métier d'enseignant.

Personnellement, je classe les IPR en deux catégories :

1) Ceux qui y croient, persuadés qu'avant leur nomination l'enseignement de leur discipline partait à vau-l'eau. Le dithyrambe des rapports qu'ils rédigent sur les professeurs est inversement proportionnel à l'estime qu'ils se portent… Jusqu'à ce que le recteur, après avoir reçu un syndicat d'enseignants en colère, ne les convoque pour les ramener à la dure réalité du « pas de vagues ».

2) Ceux qui attendent paisiblement la retraite, prônant la pédagogie qu'on leur demande de prôner sans enthousiasme excessif. Ils prennent soin de ne jamais froisser les professeurs qu'ils visitent afin d'éviter tout conflit. Si on

les sollicite pour donner leur avis sur un sujet qui divise, leur réponse est immuable :

> « Certes, vous avez raison… Mais ceux qui disent le contraire n'ont pas tort non plus… »

Leur ayant déjà consacré un ouvrage, je me contenterai dans ce chapitre de ne raconter que quelques anecdotes…

◗ Ça y est, je suis personnel de direction !

Notre inspecteur Gadget, après les félicitations d'usage, nous met aussitôt dans l'ambiance :

> « Si vous ne tenez pas le choc, c'est que vous n'êtes pas faits pour ce métier. Vous avez une mission à accomplir. Au besoin, faites-vous prescrire des anxiolytiques ! »

Taïaut !

◗ Devant un public hostile de chefs d'établissement chauffés à blanc par une convocation à la hussarde, l'inspecteur Derrick, chargé par le recteur de mettre en place la réforme dans notre académie, se déboutonne :

> « Je vais maintenant vous dire par oral tout ce que je ne pouvais pas mettre par écrit dans mon courrier… »

S'ensuit une longue diatribe contre les mesures ministérielles. Ce retour à la raison calme la salle illico et suscite un tonnerre d'applaudissements à la fin du discours…

Ah ! Ça fait du bien !

◗ Inspection d'un enseignant. Assis au fond de la classe, l'inspecteur Columbo voit une élève sortir subrepticement son portable. Il intervient aussitôt, interrompant le cours.

Pas pour gronder la fautive. Pour, devant toute la classe, fustiger le professeur à qui cela avait échappé.

Encore un brave homme indispensable aux pédagogues…

◗ Je suis attiré par des pleurs qui sortent des toilettes de la salle des profs. Je m'approche et y découvre une – excellente – professeure quinquagénaire au trente-sixième dessous. Son inspecteur La Bavure vient de lui reprocher de ne pas s'être suffisamment occupée d'un collégien qui n'avait pas fait ses devoirs pour cause de énième garde à vue :

> « C'est sur lui que doit se porter votre attention. Les autres élèves, eux, n'ont pas besoin de vous ! »

« *Hominem te esse memento* », répétait l'esclave au général romain victorieux lors de son triomphe…

◗ L'inspecteur Navarro nous porte la bonne parole :

> « Un bon élève n'a pas à encombrer un lycée professionnel. Il prend la place d'un autre, moins bon. »

Je consulte le site de l'Onisep :

> « Le lycée professionnel, une voie vers l'excellence ! »

Voilà pourquoi notre Institution fonctionne si bien : tout le monde tire dans le même sens…

◗ Des professeurs ont réfléchi à un projet pédagogique innovant et l'ont couché sur papier. Nestor Burma les inspecte, leur emprunte l'ébauche « pour étude » et s'empresse de la présenter aux autorités. Sous sa signature, bien sûr…

… conformément à la loi du 1er juillet 1992 sur le code de la propriété intellectuelle.

◗ À l'heure du fameux livret de compétences censé remplacer les notes, l'inspecteur Bony tient une conférence de deux heures. Thème : « Comment transformer des compétences en notes chiffrées. »

Bienvenue au royaume d'Ubu !

◗ Pour certains IPR au maigre salaire, il n'y a pas de petites économies. Ils viennent au collège inspecter un professeur, mangent au self, prennent deux fois du dessert et s'en repartent en oubliant de régler leur repas.

Je ne sais pas si les parents de nos élèves demi-pensionnaires savent qu'ils subventionnent un resto du cœur pour hauts fonctionnaires nécessiteux…

◗ Quand j'étais au CM2, mon instituteur traçait des petits bâtons rouges et bleus à la craie sur le tableau : c'étaient nos bonnes et nos mauvaises notes de conduite. Quatre décennies plus tard, j'assiste à l'inspection d'un professeur. Assis à côté de l'inspecteur Maigret, je le vois remplir son carnet des mêmes petits bâtons qui avaient bercé mon enfance. Le cadre supérieur note en effet le nombre de garçons et de filles interrogés par l'enseignant, ce qui lui permettra plus tard d'étayer son hypothèse : le professeur est sexiste.

Peut-être demain le pinailleur notera-t-il le nombre d'étrangers, de gros, de roux ou de myopes que le pédagogue visité sollicitera…

◗ Petite question à 1 euro : peut-on parler de conflit d'intérêts lorsqu'un inspecteur, auteur d'un manuel scolaire, le conseille aux professeurs qu'il visite ?

◗ Une collègue principale commence à craquer. Elle se confie à l'inspecteur Falco. Ce dernier comprend qu'elle a besoin d'une pause. Il lui conseille alors d'aller suivre un stage quelconque afin qu'elle puisse « souffler un peu ».

Je savais que le langage pédagogique pouvait être soporifique, mais pas qu'une formation organisée par le rectorat était susceptible de s'apparenter à une cure de sommeil. À quand le remboursement des séminaires internes à l'Éducation nationale par la Sécurité sociale ?

◗ Septembre. L'inspecteur d'académie nous demande de plancher sur les PPRE[1].

Décembre. Des IPR, s'estimant spoliés de leurs prérogatives pédagogiques, nous convoquent à une réunion sur... les PPRE. Ils clament haut et fort qu'ils n'ont aucun compte à rendre à leur collègue et néanmoins ami, car « on a le même grade » et « il est tout sauf notre supérieur hiérarchique ». Ils nous donnent des « pistes de réflexion » pour une synthèse à leur remettre.

Mars. L'inspecteur d'académie se sent dépossédé de son joujou. Il nous réunit donc pour nous faire un long discours sur... les PPRE. Et nous dicte à son tour des consignes, différentes, bien sûr, sinon ce ne serait pas drôle.

Ah, mais !

◗ L'inspectrice Marleau fustige en public les parents qui tentent de contourner la carte scolaire. La donneuse de leçons est amnésique : elle oublie qu'en tant que maman elle a fait la même chose il y a quelques années. Il est vrai qu'à l'époque elle n'avait même pas eu besoin de compléter

1. Programmes personnalisés de réussite éducative.

une demande officielle de dérogation : son titre avait suffi à obtenir le précieux sésame…

Il faudrait inventer un féminin au nom « Tartuffe ».

◗ L'inspectrice Julie Lescaut ressort gênée de sa visite à une professeure. L'enseignante fait tout et n'importe quoi, mais l'évaluatrice n'ose pas rédiger un mauvais rapport :

> « Vous comprenez, monsieur le principal, on était les meilleures copines à la fac ! »

Pas grave, plus que dix ans à abîmer les élèves, et la pédagogue incompétente prend sa retraite !

◗ J'alerte solennellement par écrit l'inspecteur de la discipline sur la dangerosité d'un professeur pour ses élèves. Je précise que cet enseignant a un dossier médical considérable…

Dossier médical ? Ouh là, terrain glissant ! Le haut fonctionnaire ne me répondra jamais…

J'aurai prévenu ma hiérarchie. Désormais, moi non plus, je ne réponds plus de rien.

◗ Ce matin, un formateur de l'INSPE se présente à mon bureau. Mal habillé, mal rasé, sale, visiblement affamé, il se jette sur les viennoiseries que je lui propose, s'empiffrant en s'essuyant régulièrement les lèvres du revers de la main. Je compte : un pain au chocolat, trois croissants et deux pains aux raisins qu'il trempe dans ses trois tasses de café. Il fait passer le tout avec deux verres de jus d'orange. La table est constellée de miettes. Il les rassemble dans sa paume puis les jette par terre. La grande classe, à la Bérurier. Enfin rassasié, il étouffe un rot et part visiter le professeur.

Je suis fier de participer à la lutte contre la précarité en France.

LES MUTATIONS DES PERSONNELS DE DIRECTION

Nous, chefs d'établissement, sommes nommés sur des postes en fonction de notre profil. C'est-à-dire que si l'Institution désigne tel principal pour diriger tel collège, c'est parce qu'*Elle* estime que c'est la personne la plus à même de remplir cette mission. Bref, c'est uniquement le mérite qui compte. À chacun donc de faire ses preuves s'il veut obtenir le poste qu'il souhaite, en récompense de son investissement.

Ça, c'est la théorie.

Car, en pratique... L'être humain est perfectible. Et ceux qui décident des mutations des personnels de direction sont très, très humains...

◗ En off, l'inspecteur d'académie me conseille de me syndiquer :

> « Évidemment que ça vous donne une chance supplémentaire d'avoir le poste que vous

souhaitez ! C'est une question de rapport de force ! Et vous savez bien que c'est le syndicat majoritaire qui mène la danse ! »

De fait, chez les personnels de direction, c'est le principal syndicat qui codécide, avec les services officiels, de notre carrière. D'où un taux d'adhésion exceptionnel dans notre corporation... Renvoi d'ascenseur : à part quelques rares protestations symboliques lorsqu'ils sont poussés par la base, nos représentants syndicaux font preuve d'une extrême bienveillance à l'égard de la hiérarchie.

Il ne faut y voir aucun scandale : c'est juste un échange de bons procédés entre gens de l'Éducation nationale bien éduqués !

◗ Hasard ou simple coïncidence ? La plupart du temps, les responsables de notre principal syndicat obtiennent la mutation qu'ils demandent et sont promus avant les autres collègues.

Sans doute parce que ce sont « les meilleurs d'entre nous ».

◗ Je l'aurais parié : le secrétaire académique de « notre » syndicat démissionne de ses fonctions. Comme ses trois prédécesseurs. Tous dans les mêmes circonstances : dès qu'ils ont obtenu *le* poste de proviseur dont ils rêvaient. Celui que notre administration, rusée, leur a attribué en récompense de leur docilité.

Message subliminal à l'attention de son successeur :

« Vous voyez ! Si vous arrivez à tenir vos troupes, on vous nomme où vous voulez ! »

◗ Réunion des chefs d'établissement. Intervention d'un collègue :

> « Il semble que l'évaluation des personnels de direction ne soit pas toujours limitée aux procédures officielles, mais peut dépendre de courriers reçus au rectorat, d'articles parus dans la presse, etc. »

Bref, que le chef d'établissement n'est pas noté sur le degré d'atteinte des objectifs de sa lettre de mission, mais sur la vox populi et les piges des correspondants de presse locaux, à l'impartialité parfois toute relative.

Réponse lapidaire de l'inspecteur d'académie :

> « C'est évident ! »

Ou quand la com prend le pas sur la compétence…

◗ Une principale d'un collège difficile dysfonctionne complètement. Heureusement, son adjointe colmate les brèches. Pour remercier cette dernière, l'Institution ne lui accorde pas sa mutation : tant que la chef « complètement à côté de la plaque » est en poste, l'Administration préfère assurer le coup en gardant celle qui tient la boutique…

C'est la « reconnaissance pour services rendus » *made in Éducation nationale…*

◗ Septembre. Arrêté du recteur : c'est Juliette qui remplacera notre collègue Aline lorsque cette dernière partira à la retraite, le 1er janvier.

Réaction en chaîne chez divers personnels de direction du département : Robert remplacera Juliette, Alain succédera à Robert, et Sylvie à Alain. Quant à Annie, adjointe, elle sera promue principale à la place de Sylvie.

Mi-décembre. Juliette est officiellement présentée à « ses » nouveaux élèves, aux parents et aux professeurs lors d'une cérémonie d'intronisation présidée par Aline. Robert, lui, profite de sa soirée d'adieux dans son collège pour balancer quelques vérités bien senties à certains enseignants. Alain, prévoyant, a déjà fait ses cartons et versé des arrhes pour son déménagement. Sa femme s'est résolue à démissionner de son travail, car le trajet nouveau domicile-entreprise est trop long. Sylvie, qui, désormais, va habiter dans un logement de fonction, a résilié son bail. Le timing est serré : son appartement est déjà loué pour le 1er janvier. Annie a dû prendre un crédit pour remplacer sa vieille guimbarde : son nouveau poste, plus éloigné, nécessite un moyen de locomotion plus sûr que son antédiluvienne voiture.

Avant-veille des vacances de Noël : l'inspecteur d'académie, un peu gêné aux entournures, informe les différents participants à ce jeu des chaises musicales que, par arrêté ministériel, c'est un autre collègue, venu d'une autre région, qui est finalement nommé sur le poste d'Aline.

Les langues se délient alors : le ministre et le recteur se haïssaient. Se doutant qu'il allait être débarqué en octobre, le haut fonctionnaire a voulu se venger par anticipation : il avait nommé Juliette sur le futur poste vacant juste avant d'être placardisé. Le ministre a ensuite voulu prouver qui était le chef. Il a donc pris cet arrêté contradictoire.

Juliette et les autres collègues – ainsi que leurs familles – sont donc les victimes collatérales de cette bataille d'egos.

C'est la dimension humaine de l'Éducation nationale…

◗ Plutôt que d'être sur le terrain cinquante heures par semaine, il est bien plus efficace pour un personnel de direction qui veut obtenir sa mutation de (plusieurs choix possibles) :

- coucher – sexe indifférent, il faut savoir vivre avec son temps ;
- *se* coucher – fayoter, flagorner, lécher, quoi ! ;

- se syndiquer – attention : ne pas se tromper d'officine ;
- militer pour un parti politique – le bon, évidemment ;
- être membre du plus grand nombre possible de comités Théodule – la quantité compte plus que la qualité ;
- s'inscrire à toutes les initiatives estampillées « Éducation nationale » – concours national de la résistance, collèges fleuris, loto des personnels de l'Inspection, vide-grenier du rectorat, etc. ;
- avoir de bonnes statistiques – ne surtout pas hésiter à trafiquer les chiffres, tout le monde le fait ;
- participer aux cocktails de l'inspection et du rectorat – bien tenir l'alcool est un plus incontestable ;
- rendre publiques toutes vos actions. Vous allez faire caca ? Alertez les médias ! ;
- jouer au golf – laisser cependant les autorités gagner, elles sont souvent susceptibles ;
- chasser – faire en sorte que les autorités ne reviennent jamais *broucouilles* ;
- jardiner – si l'on est le voisin de l'inspecteur, lui arroser ses plantes durant ses vacances.

◗ Ça y est ! J'ai obtenu ma mutation ! Ma glorieuse carrière se poursuit ! Je suis nommé dans un établissement plus important. Mes mérites sont reconnus !

Mais non, je plaisante ! Aucun rapport ! C'est uniquement parce que j'ai su à qui m'adresser : il y a quelques semaines, j'ai eu une longue conversation avec le secrétaire général du rectorat. Lequel siège à la commission nationale chargée des mutations des chefs d'établissement...

◗ Yes ! J'ai obtenu ma mutation pour un gros établissement ! Mes mérites sont... Pas du tout ! J'ai juste fait preuve de lâcheté et de malhonnêteté intellectuelle en répétant fidèlement à des inspecteurs de la Cour des comptes ce que ma hiérarchie m'avait demandé de leur dire afin de couvrir sa boulette : une absence de sanction pour un personnel de mon collège qui avait avoué avoir volé dans la caisse. Coïncidence : son conjoint était professionnellement très proche du recteur...

Je vais relire *La Conscience*, de Victor Hugo...

LES STATISTIQUES

Je suis toujours étonné de voir à quel point les décideurs de notre Institution invoquent des statistiques pour pondre telle ou telle directive. En fait, je pense qu'ils ne mettent des chiffres en avant que pour justifier des mesures qu'ils avaient de toute façon l'intention de prendre.

Quel crédit accorder à ces pourcentages qui ne viennent pas d'enquêtes réalisées par des organismes professionnels indépendants, selon des critères précis ? Les données que fournit notre hiérarchie intermédiaire au ministère s'appuient en effet sur des chiffres qu'elle nous demande de lui remonter... en nous incitant fortement à ce qu'ils aillent dans le sens des idées du grand chef.

Je ne compte plus les fois où, sur le terrain, ce que je vois ne correspond absolument pas à ce que les statistiques officielles prouvent...

▸ Septembre. Test national en français pour les sixièmes. Durée prévue : cinquante minutes. Il peut donc, en théorie, être bouclé sur un cours de cinquante-cinq minutes. Comme tout est simple, vu du ministère ! Car, concrètement :

- les élèves entrent et s'installent : cinq minutes ;
- ils ouvrent leur session informatique : cinq minutes – je ne parle ni des ordinateurs récalcitrants ni des minots qui ont oublié leur code d'accès ;
- ils se connectent à l'application nationale : dix minutes – le code étant secret-défense, il n'apparaît pas sur l'écran quand on le tape et il est composé de signes inconnus des petits. Exemple : 1o0#$!G%OaqlI ;
- ils répondent aux questions « d'entraînement » : dix minutes ;
- il reste au mieux vingt-cinq minutes pour effectuer le test ; cela dit, vu que des questions portent sur des vidéos que l'on ne peut pas ouvrir, l'élève gagne du temps en allant directement au point suivant...

Ça, c'est dans le meilleur des cas. Mais la séance est pimentée par quelques situations plus épiques : un élève appuie par erreur sur « suivant » et saute une question – impossible de revenir en arrière ; un autre tombe directement sur le dernier item – pour le coup, les vingt-cinq minutes suffisent largement ; un troisième oublie de valider son test...

Et dire que c'est en analysant ces résultats que l'on communique en haut lieu sur le niveau de nos élèves...

▶ Cette année, les sanctions ont fortement baissé dans un collège voisin « difficile ». Le conseil de discipline n'a même pas eu l'occasion de se réunir.

Climat scolaire apaisé ? Que nenni ! Le principal, à qui la hiérarchie a donné comme objectif d'améliorer ses statistiques – en toc –, a tout simplement fait comprendre aux professeurs que les plus sévères d'entre eux auraient un mauvais emploi du temps l'année prochaine...

Chantage ? Mais non ! Simple incitation à la *bienveillance* !

◗ Aujourd'hui, jour de grève, je dois remonter mes statistiques – en toc. Le collège que je dirige comporte 30 classes pour 48 professeurs.

À 8 h 30, il n'y a que 25 enseignants pour les 30 classes : 5 ont débrayé. Sur les 18 autres pédagogues qui commencent plus tard, 12 ne viendront pas. Pourcentage final réel des grévistes, donc : 5 + 12 = 17 professeurs sur 48, soit 35,4 %.

Mais dans le logiciel ministériel qu'il me faut compléter dès 8 h 30, je suis obligé d'entrer « 25 enseignants présents » sur « 30 attendus ». Soit 16,6 % de grévistes seulement. C'est ce dernier chiffre que le ministre mettra en avant ce soir, au JT de 20 heures, pour souligner la « faible participation au mouvement ».

Par souci d'honnêteté, il pourrait également évoquer la « faible fiabilité de ces pourcentages » !

◗ À chaque fait de violence important dans nos établissements, nous devons compléter un logiciel et graduer l'acte de 1 à 3, en fonction de sa gravité. Ces statistiques – en toc –, qui remontent au ministère via les rectorats, prouvent qu'indubitablement, sur le terrain, les actes délictueux diminuent.

Elles mériteraient cependant d'être relativisées, car les recteurs ont tout loisir de les modifier avant de les transmettre rue de Grenelle. Ainsi, des faits gradués « 2 » ou « 3 » par des chefs d'établissement arrivent gradués « 1 » ou « 2 » seulement sur le bureau du ministre…

Tant de modestie de la part de notre hiérarchie est à souligner !

◗ Un rapport de synthèse du ministère de l'Éducation nationale établit qu'il y a, à propos du numérique dans les établissements du secondaire, « une montée en puissance des utilisateurs et des usages ». Jouez hautbois, résonnez musettes ! Diffusion immédiate de l'enquête aux médias !

Concomitamment, une étude sur le même sujet passe étonnamment inaperçue. Elle montre un taux d'insatisfaction des utilisateurs de 92 %.

◗ Plus il y a d'élèves issus de CSP favorisées dans un collège, meilleurs doivent être les résultats. Petite astuce simplissime, mais terriblement efficace, pour atteindre plus facilement les objectifs statistiques – en toc – que la hiérarchie fixe : ces CSP étant calculées sur le responsable n° 1 de chaque élève, il suffit, à l'inscription, d'entrer en premier dans le logiciel le nom du parent qui a la moins bonne situation professionnelle. Ainsi, une population aisée se transforme en population précaire. Et comme un nombre d'élèves défavorisés en hausse dans l'établissement égale un pourcentage attendu de reçus au brevet moins important, l'objectif est plus facilement atteignable.

Ingénieux, non ?

◗ Chaque mois, je dois solliciter les enseignants qui s'investissent dans différentes actions afin de rendre compte en détail à ma hiérarchie de l'utilisation des heures supplémentaires distribuées : âge, sexe et niveau des élèves bénéficiaires, grade et discipline du professeur, etc. Comptez pas loin d'une demi-journée pour collecter toutes les informations et compléter le formulaire.

Début janvier, je comprends enfin l'importance de cette mission supplémentaire : lors de ses vœux, le ministre justifie sa politique en sortant des statistiques – en toc – que j'ai modestement contribué à établir.

Depuis, je n'embête plus les enseignants. Je m'enferme dans mon bureau au moins deux minutes trente, je me renseigne sur la météo, la couleur du cheval blanc d'Henri IV et l'âge du capitaine. Puis je remplis le fameux tableau à l'instinct, en fonction des résultats du loto ou de la cote du jour dans la cinquième course à Auteuil...

▸ Je consacre une heure à compléter un imprimé pour le rectorat. Lequel veut connaître le montant des différentes subventions... que lui-même nous a versées.

Alzheimer ?

▸ Encore une enquête à compléter : il me faut récapituler le nombre d'absences des professeurs pour cette année. Le chef du bureau 723 *bis* du rectorat, qui me la demande, gagnerait du temps en consultant le logiciel – auquel il a accès – que je suis tenu de remplir à chaque... absence de professeur !

▸ Conseils de classe du troisième trimestre. Si je voulais atteindre les objectifs de ma lettre de mission, je devrais expliquer aux professeurs le nouveau critère d'orientation :

> « Certes, l'élève Pierre Dupont n'a que 5 de moyenne générale. Mais nous n'en sommes pour l'instant qu'à 68 % de passage en seconde générale. On va donc quand même l'orienter au lycée ! »

Mais c'est au-dessus de mes forces.

▸ Nous avons atteint les objectifs que le ministre avait fixés au recteur en matière de diminution du nombre de redoublements et d'augmentation du taux de passage en lycée général. Je suis donc content pour mon chef : sa prime annuelle a fortement augmenté. Quant à la mienne...

Ah non, c'est vrai, je n'en touche pas !

◗ Mi-juin. Encore une enquête électronique du ministère à compléter. Épuisé par cette fin d'année, je craque complètement : je coche au hasard, j'invente des chiffres, je réponds « wxtzsqklmp », etc.

Et dire que là-haut, à Paris, ils s'appuient – ou pas – sur ce genre de réponses…

◗ Je reçois encore un tableau de statistiques – en toc – à remplir. Son importance, une fois de plus, m'échappe. Il me faut y répondre pour hier dernier délai. Véridique ! Commanditaire : la rue de Grenelle. Je classe le document dans mon dossier AQCG (attendre que ça gueule).

Et comme ça n'a jamais « gueulé », je l'ai jeté lorsque je suis parti à la retraite !

◗ De fait, plutôt que le « pilote pédagogique » de mon établissement, j'ai l'impression d'en être le secrétaire/statisticien en chef !

◗ Début juin. Les professeurs principaux de troisième, exténués, doivent fournir un dernier effort : s'occuper de l'orientation de leurs élèves. Nouveauté de cette année : deux applications informatiques d'un coup à ingurgiter. Des heures de travail. Dont la moitié pas forcément indispensable : si une des applications est effectivement dévolue à l'affectation de nos collégiens, l'autre ne sert qu'aux statistiques.

Et toc !

◗ Pour clore ce chapitre, afin de faire plaisir au ministère si friand d'études aussi diverses qu'inutiles, voici quelques petites suggestions d'enquêtes à diligenter :

- l'augmentation continue du nombre de professeurs de l'enseignement public qui, forcément bien au courant du système, mettent leurs enfants dans le privé ;

- le nombre d'heures de formation dispensées aux enseignants – sur leurs heures de cours – pour des réformes qui ne durent que le temps du ministre;
- le nombre de professeurs mal dans leur peau;
- le nombre d'élèves mal dans leur peau;
- le nombre de chefs d'établissement mal dans leur peau – non, ça, on s'en moque;
- le nombre, le coût et l'efficacité des dispositifs mis en place pour camoufler le malaise ambiant…

Deuxième partie

LE COURAGE DES « BRAVES »

PAS DE VAGUES

On a comparé l'Éducation nationale à un mammouth. Une girafe conviendrait tout autant car, comme l'armée, on pourrait surnommer notre Institution « la grande muette ».

Les hauts fonctionnaires se montrent d'une frilosité extrême dès qu'il s'agit de prendre des responsabilités. La raison est simple : ils sont bien plus attachés à leurs privilèges, leur prime et leur carrière qu'à l'intérêt général et au bon fonctionnement de l'Administration qu'ils sont censés diriger. Pour une rectrice mécontente des moyens alloués à son académie par le ministère qui démissionne avec pertes et fracas, combien d'autres étouffent dans l'œuf tout scandale qui pourrait nuire à leur promotion ?

Chacune des décisions de nos chefs est en effet dictée par un impératif : ne pas faire de vagues. Car qui dit « pas de vagues » dit « bien vu par l'autorité supérieure ». Ils cèdent devant les élus – qui ont le pouvoir de les faire sauter –, devant les parents – prompts à ameuter les médias –, devant les professeurs – et leurs syndicats surpuissants –, et devant les chefs d'établissement – non, pas devant nous.

Résultat : aucune logique de gouvernance, un bateau qui tangue et le sentiment de plus en plus répandu que c'est celui qui a le plus fort pouvoir de nuisance qui emporte le morceau...

Diriger, c'est décider, c'est trancher. C'est sanctionner les quelques fonctionnaires incapables qui jettent l'opprobre sur toute la profession. C'est soutenir ses personnels lorsqu'ils ont raison. C'est défendre les valeurs de la République. Or le mode actuel de management de l'Éducation nationale ne produit qu'hypocrisie, pusillanimité et velléité. Résultat : nous, les petits cadres du bas de la pyramide, savons pertinemment que nous serons lâchés par notre hiérarchie au moindre coup dur. Comment alors nous reprocher notre propre pleutrerie ?

▶ Pas de vagues... Malgré tous mes efforts pour les convaincre, les professeurs de mon collège refusent d'appliquer la dernière réforme ministérielle. Soyons honnêtes : ils ont déjà refusé d'appliquer les dix précédentes et leur enseignement ne s'en porte pas plus mal. Deux solutions s'offrent à moi : soit je n'insiste pas et je les laisse travailler en leur âme et conscience – mon chef va alors me reprocher de ne pas être loyal envers lui ; soit je passe en force et je mets le feu à mon établissement – mon chef va alors me reprocher de ne pas savoir gérer les relations humaines. Dans les deux cas, mon avancement risque d'en pâtir...

Comme de nombreux collègues, je vais donc dire à ma hiérarchie que tout se met doucement en place – et trafiquer les statistiques en conséquence –, tout en laissant les enseignants faire ce que bon leur semble. Il me suffira ensuite d'attendre sans faire de vagues la prochaine réforme.

Pour vivre heureux, vivons cachés !

◗ Pas de vagues… Mon chef, l'inspecteur d'académie, a coché la case « très bon » à l'item « capacité à conduire la gestion de l'ensemble des ressources humaines » de mon évaluation. Lors de mon entretien précédent, vu que des professeurs de mon collège avaient protesté – je voulais les obliger à appliquer les directives ministérielles –, mon supérieur ne m'avait mis que « bon ». J'ai su m'adapter : désormais, « mes » enseignants font ce qu'ils veulent. Il n'y a donc pas de vagues dans le bahut que je dirige. Donc je suis un très bon principal.

What else?

◗ Pas de vagues… Sitôt muté dans mon nouvel établissement, j'ai constaté avec surprise que certains cours ne duraient que cinquante minutes au lieu des cinquante-cinq réglementaires. 5 minutes x 2 par demi-journée, 9 demi-journées par semaine, 36 semaines par an durant les 4 années du collège, ça fait quand même 216 heures de cours en moins, soit plus de 8 semaines complètes de scolarité. J'ai évoqué cette incongruité lors d'une rencontre formelle avec mon chef. Échaudé par mon expérience précédente, je lui ai précisé que je n'agirais qu'avec son soutien officiel. Il m'a alors promis d'inscrire cet objectif dans ma lettre de mission… que je ne recevrai jamais.

Les paroles s'envolent, les écrits restent !

◗ Pas de vagues… Début septembre. Une assistante de vie scolaire me présente son planning de travail. Il ne compte que 24 heures hebdomadaires au lieu des 28 réglementaires. Je lui demande donc d'accompagner un autre élève en situation de handicap durant les 4 heures manquantes. Elle refuse : « Je ne peux pas, j'ai des cours de tai-chi ! »

Son inspecteur, que je contacte, est au courant de sa « rigidité » (*sic*), depuis trois ans qu'elle exerce. Il me conseille de laisser tomber.

Allô, taxi ? À Canossa, s'il vous plaît !

◗ Pas de vagues... Mi-septembre. Accompagné des médias locaux, l'inspecteur d'académie doit venir demain dans notre collège afin d'assister aux animations que nous proposons pour la journée du sport scolaire. Aujourd'hui, sa secrétaire m'appelle pour s'assurer que notre rentrée s'est bien passée et que tout est calme dans l'établissement.

Hors de question en effet que le patron se retrouve en une du quotidien régional, face à des professeurs mécontents et revendicatifs...

Je vais bien, tout va bien...

◗ Pas de vagues... L'Administration a une telle peur du scandale qu'elle ordonne régulièrement aux chefs d'établissement de manger leur chapeau. Exemple vécu : une assistante d'éducation, sitôt sa période d'essai terminée, disparaît des écrans radars, préférant partir en voyage sous le soleil équatorial. Tout en étant rémunérée, naturellement. L'inspection académique me confirme qu'il y a bien abandon de poste, que l'on peut lancer une procédure de licenciement et qu'il ne faut surtout pas la laisser reprendre son service.

Après trois mois de silence radio, la vacancière m'appelle : « Bonjour, monsieur le principal ! Je reviens demain ! C'est bien 8 h 30, l'heure de rentrée ? »

Appliquant la consigne, je lui dis qu'elle ne peut rejoindre son poste et lui explique le protocole disciplinaire en cours. Une semaine plus tard, le rectorat m'informe que le licenciement ne peut être prononcé qu'après avis d'une commission consultative nouvellement créée et pas encore opérationnelle. Un mois passe. L'ex-assistante d'éducation – toujours payée – attend la suite des événements, tranquille, chez elle. Coup de fil du rectorat. Dans la mesure où, conformément à ce que ma hiérarchie m'a ordonné, j'ai refusé qu'elle reprenne son travail, je ne peux pas prétendre qu'il y a abandon de poste. Mon interlocutrice m'explique :

> « Ça ne tiendrait pas devant le juge ! »

Tout juste si je ne suis pas responsable de cette situation :

> « Lorsqu'on recrute un assistant d'éducation, on a un rôle éducatif ! »

Enfin, elle ajoute :

> « Il faut se méfier : avec les prud'hommes, on ne sait jamais. Mais cela n'excuse pas tout. Adressez-lui par écrit un avertissement solennel, puis intimez-lui l'ordre de reprendre son poste. Et n'hésitez pas : à la moindre erreur de sa part, vous pouvez engager une procédure ! »

L'ancienne ex-assistante d'éducation, après plus de quatre mois d'oisiveté lucrative, revient donc dans mon collège. Elle me fera la barbe tous les matins en me saluant d'un grand sourire vainqueur…

▶ Pas de vagues… Hier soir, à l'écoute du verdict du conseil de discipline, le père de l'élève qui comparaissait a proféré des menaces de mort à l'encontre d'une professeure. Ce matin, je préviens mon inspecteur d'académie. Lequel m'écoute d'une oreille distraite et me donne un conseil avisé :

> « Soyez compréhensif ! La sentence a dû lui faire un choc ! »

La professeure va mieux, merci pour elle.

◗ Pas de vagues... Justin est l'électron libre de l'établissement. Nous supportons pourtant stoïquement ses multiples infractions au règlement intérieur, car il ne s'en prend qu'aux enseignants. Si nous le renvoyons, il sera en effet rapidement remplacé par un élève exclu d'un autre collège, qui risque de se conduire d'une manière encore pire, par exemple en frappant ses camarades. Au risque d'énerver quelques parents.

Un mauvais « tiens » vaut mieux que deux « tu l'auras ».

◗ Pas de vagues... Effervescence, ce matin, dans la cour du collège : un gavroche de 11 ans distribue consciencieusement des tracts appelant à la mobilisation générale contre la réforme gouvernementale.

Ce pamphlet révolutionnaire a été rédigé par la mère, déléguée des parents d'élèves et professeure des écoles dans le civil. J'informe aussitôt l'inspecteur d'académie. Ce dernier se montre d'abord scandalisé par une telle manipulation. Puis il me demande si le calme est revenu dans l'établissement. Suite à ma réponse positive, le courageux chef – pléonasme – m'invite, vu les circonstances et le contexte actuel, en fin de compte, tout bien réfléchi, après avoir pesé le pour et le contre, à finalement... ne rien faire.

Ponce Pilate, sors de ce corps !

◗ Pas de vagues... L'année scolaire prochaine, dans l'emploi du temps des sixièmes, il est prévu une heure de soutien en mathématiques. Sur les conseils de l'inspecteur de la discipline, je propose aux enseignants de mettre systématiquement un autre collègue que le professeur de la classe pour ce soutien. Les collégiens en difficulté auront ainsi plus de chances, grâce aux explications d'une personne différente, de comprendre les subtilités de l'arithmétique ou de la géométrie. Las ! Les pédagogues préfèrent garder chacun leurs élèves. Je ne vais pas aller sur le pré avec eux : je leur suggère de demander l'avis de leur inspecteur et de nous y soumettre. Proposition adoptée...

Au bout de trois mois, malgré plusieurs e-mails et appels téléphoniques, toujours pas de réponse du guide pédagogique suprême. Visiblement, il n'assume pas la suggestion qu'il m'a soumise. J'annonce donc aux enseignants qu'ils pourront, à la rentrée prochaine, ne rien changer à leurs habitudes.

Pas grave. Après tout, il n'y a que les élèves en difficulté que cela va gêner !

▶ Pas de vagues... Un professeur m'informe par écrit des relations équivoques qu'un de ses collègues entretiendrait avec des adolescents en dehors du collège. J'en informe aussitôt le directeur des ressources humaines de l'académie. Première réaction agressive du haut fonctionnaire :

> « Comment ? Vous n'avez pas averti votre inspecteur d'académie ? »

Deuxième réaction plus réfléchie :

> « Surtout, faites en sorte que les parents d'élèves ne soient pas au courant ! »

Trois semaines plus tard, il m'envoie un e-mail pour s'assurer qu'il n'y a plus de remous :

> « Je souhaite savoir comment évolue la situation du professeur et le climat général. Pas d'autres alertes ou signaux ? »

Comme je lui réponds que tout va bien, il considère que le problème est réglé. D'autant plus que les grandes vacances arrivent... En septembre, le détraqué sexuel présumé ou le calomniateur va donc pouvoir sévir à nouveau en toute tranquillité.

À l'Éducation nationale, les tapis lévitent à 10 centimètres du sol, avec toute la poussière qu'on cache dessous...

◗ Pas de vagues... Début juillet. J'élabore les emplois du temps pour la rentrée suivante. Je m'arrange pour ne faire venir *le* professeur syndicaliste véhément et vindicatif connu dans tout le département que deux jours par semaine dans mon collège : moins je le vois, mieux je me porte. La hiérarchie, compréhensive, m'assure de son soutien – du moins tant qu'*elle* ne reçoit pas de protestation des fédérations de parents d'élèves. L'intérêt des collégiens – heures regroupées plutôt que réparties sur toute la semaine – passe naturellement au second plan...

Qu'importe : je suis payé pour avoir le sens des priorités.

◗ Pas de vagues... La hiérarchie, de qui on devrait attendre droiture et soutien, ne fait – ne sait ? – que tenter d'éviter les turbulences. Une anecdote révélatrice de cet état d'esprit ? Au cours d'une discussion informelle, un inspecteur m'a dit :

> « Oh ! vous, monsieur Romain, dans votre collège, ça doit bien se passer : on n'entend pas parler de vous ! »

◗ Pas de vagues... À la suite d'un viol en réunion perpétré dans son collège, un collègue principal a su employer les mots qu'il fallait auprès des parents de la victime pour atteindre l'objectif officieux que lui avait fixé notre inspecteur d'académie :

« Les médias ne doivent rien relayer ! »

Très bon pour sa future mutation, ça !

◗ Pas de vagues... Dans un autre bahut, un assistant d'éducation, roué de coups par deux élèves, a eu l'outrecuidance de vouloir porter plainte. La principale l'en a dissuadé, mettant en jeu le renouvellement de son CDD à la fin de l'année scolaire si la justice se saisissait de l'affaire.

Encore une collègue qui obtiendra sa promotion avant moi !

◗ Pas de vagues... Des collègues chefs d'établissement zélés « déconseillent » à leurs professeurs de rédiger des rapports sur les élèves perturbateurs : ça laisse des traces écrites et ça indispose les parents. Si un enseignant passe outre, coïncidence malheureuse, il est inspecté et/ou il a un mauvais emploi du temps l'année suivante.

À corsaire, corsaire et demi !

◗ Pas de vagues... Une principale sème le désordre dans tous les collèges où elle passe. Hasard : on crée un poste de chargé de mission à l'inspection académique.

Devinez qui l'obtient ?

◗ Pas de vagues... Un professeur qui refuse d'être nommé dans un lycée professionnel entame un bras de fer avec l'Administration. Première action : il contacte la presse...

Fin de l'histoire : le recteur cède aussitôt.

◗ Pas de vagues... À ma gauche, une professeure consciencieuse, dynamique, expérimentée, appréciée de ses élèves et de leurs parents. À ma droite, une génitrice soûlarde, connue en mal dans le quartier, à qui un juge a retiré la garde de ses enfants. Conflit entre les deux. L'Institution prend une décision radicale : elle nomme un médiateur…

Action, réaction.

◗ Pas de vagues… Dans le quotidien régional, notre inspecteur d'académie répond au journaliste qui l'interviewe :

> « La violence scolaire est en baisse dans le département, preuve en est la diminution du nombre de conseils de discipline. »

Oh, le mensonge ! Bien sûr que la violence augmente ! Mais nous subissons une pression terrible pour, justement, *ne pas* convoquer de conseil de discipline. Et nous obéissons loyalement.

Sauf les collègues qui effectuent leur dernière année : eux n'hésitent pas à sévir en leur âme et conscience…

◗ Pas de vagues… L'inspecteur d'académie nous a demandé de lui faire remonter les problèmes que nous aurions rencontrés dans nos établissements lors de la minute de silence décrétée par le président de la République à la suite d'un attentat terroriste. Ce soir-là, la ministre de l'Éducation nationale annonce les chiffres au journal télévisé : 200 incidents sur toute la France. Dont, je n'en doute pas, les 2 que j'ai signalés pour mon collège.

J'en déduis donc qu'il n'y a eu que 198 incidents dans les 64 000 autres établissements scolaires de notre pays, puisque jamais un inspecteur d'académie ou un recteur n'oserait trafiquer les chiffres qu'il remonte au ministère !

◗ Pas de vagues… Fi-Fils à sa maman, faute de résultats scolaires suffisants, n'a pas été admis en seconde européenne. Mamounette, fervente militante de l'égalité pour tous – sauf quand il s'agit de sa progéniture – fait des pieds et des mains pour corriger cette injustice. Quelques coups de téléphone plus tard – inspection académique, rectorat – l'erreur est réparée.

Maman est responsable départementale d'une fédération de parents d'élèves. Charité bien ordonnée commence par soi-même !

◗ Pas de vagues... Un parent me donne le choix : soit il appelle l'inspecteur d'académie, soit il casse la figure du professeur qui a grondé son fils.

Dilemme : peste ou choléra ?

LA HAUTE GOUVERNANCE

L'Éducation, comme la composition de l'équipe de France de football, est un sujet sur lequel tout le monde a un avis. Le problème, toujours comme pour nos footeux, c'est que 67 millions de Français, ça ne fait pas loin de 67 millions d'avis différents…

Une fois les élections remportées et le Graal – le ministère de l'Éducation nationale – décroché, l'heureux élu découvre la quadrature du cercle : contenter les parents *et* les enseignants, sur le sujet épineux de la durée des vacances, par exemple, ou encore tenir ses promesses sans fâcher son collègue des Finances – plus de professeurs, mais moins de fonctionnaires.

Le ministre comprend vite alors que, même avec ses petits bras musclés, il ne pourra pas changer grand-chose. Surtout s'il veut atteindre son objectif : rester en poste le plus longtemps possible. Il transfère donc toute son énergie sur la com, affirmant dans les médias – chiffres pipeautés à l'appui – que son action porte ses fruits. Mais comme, sur le terrain, la réalité est tout autre, ses paroles ne font que creuser encore un peu plus le fossé qui sépare les enseignants du vulgum pecus, lequel ne comprend pas pourquoi, avec tous les moyens qui leur sont attribués, les professeurs ne sont pas plus efficaces. Ces derniers, de leur côté, s'estiment floués, une fois de plus.

Pourtant, postulats, les hauts fonctionnaires du ministère :

1) sont intelligents ;

2) connaissent leurs dossiers ;

3) agissent pour l'intérêt commun.

Et surtout, ils n'ont pas peur du ridicule. Ça, ce n'est pas un postulat, c'est la pure réalité... Voici un florilège d'anecdotes vécues tout au long de ma carrière avec la vingtaine de ministres qui se sont succédé pendant celle-ci. Par souci de simplification, je les nommerai tous indifféremment Albert.

◗ Comme ses prédécesseurs, à sa prise de fonction, Albert a annoncé qu'il n'y aurait pas de réforme portant son nom. Et comme ses prédécesseurs, il en a pondu une afin de laisser une trace pour la postérité.

Comme chaque année, je quémande quelques heures supplémentaires pour « mes » professeurs méritants. En vain. Et comme à chaque réforme, il nous tombe du ciel une manne d'heures supplémentaires afin de mettre en œuvre la réforme historique d'Albert.

Comme d'habitude, j'utilise alors ces heures estampillées « réforme » pour rémunérer ceux qui mènent des actions pédagogiques concrètes et utiles : sortie pédagogique, soutien individuel, concours national, épreuve commune, etc.

Bis repetita placent.

◗ Albert le Factionnaire clame dans tous les médias que sa réforme est *la* solution miracle à tous les problèmes de l'Éducation nationale. Moi qui ai les cheveux blancs et du poil aux oreilles, je souris avec tendresse à son enthousiasme un peu surjoué : tant d'autres avant lui ont tenu les mêmes propos ! Un peu de modestie lui siérait mieux, à notre Bébert le Temporaire. Qu'il ne vende pas la peau de l'ours avant de l'avoir tué, mais prenne plutôt garde à ce qu'on ne l'appelle pas bientôt Bébert l'Éphémère !

◗ Octobre. Note du ministère : pour passer l'épreuve de l'attestation scolaire de sécurité routière, les élèves « composeront individuellement sous casque devant écran informatique ».

Janvier. Note de l'inspection académique : chaque collège doit prévoir des ordinateurs et des casques audio.

Février. Je fais acheter 30 casques.

Mars. Note du ministère :

> « Le contenu des épreuves sera finalement réalisé à partir de vidéos [...] sous la forme d'un DVD. »

À vendre : 30 casques audio, état neuf, jamais servi...

◗ Bébert le Militaire est un fervent défenseur de l'École publique, même si sa progéniture est scolarisée dans le privé.

Sait-il qu'en troisième, nous avons 29 élèves par division – on nous a supprimé une classe – alors que le collège privé situé à 500 mètres de notre collège public compte, pour le même niveau, deux classes de respectivement 13 et 14 élèves ?

Bébert le Monte-en-l'air sait-il pourquoi le rectorat nous refuse depuis quatre ans l'ouverture d'une classe bilangue, alors que nos voisins et néanmoins amis l'ont obtenue cette année, dès leur première demande ?

Alléluia !

◗ Dans le cadre de la nouvelle réforme, nous devons obligatoirement consacrer des heures à des actions transdisciplinaires. L'inspecteur d'académie nous l'a répété :

> « C'est un dispositif essentiel dans l'enseignement d'aujourd'hui. »

Les professeurs de mon collège ne veulent pas en entendre parler. Ils préfèrent consacrer ces heures à du soutien en français et en mathématiques. Le débat s'enlise, s'éternise. Il faut trancher. Je préviens les enseignants : s'il n'y a pas de volontaires pour encadrer ces fameuses actions, j'en désignerai. L'ambiance est plombée, mais mon rôle est d'appliquer les directives nationales. Le lendemain même, je reçois le bulletin officiel du ministère. Surprise au détour d'un texte : Bébert le Velléitaire décrète qu'il est finalement possible de substituer aux activités transdisciplinaires… des dispositifs de soutien.

Rassasié par cette nouvelle couleuvre avalée, je cours annoncer la bonne nouvelle aux professeurs.

◗ Lors d'une intervention télévisée, Albert le Légionnaire a rappelé l'importance de la formation des enseignants. Sait-il que, faute de moyens – les frais kilométriques ne sont plus remboursés –, des professeurs tuteurs en sont réduits à suivre leurs jeunes stagiaires via Skype, sans jamais leur rendre visite en classe ?

Loin des yeux, près du cœur !

◗ Nous, chefs d'établissement mal dégrossis du département, sommes bloqués dans un amphi depuis une heure, à écouter des consignes infantiles de bienséance. En effet,

Bébert le Totalitaire nous rend visite. À son arrivée – en retard –, conformément aux ordres, nous nous levons comme un seul homme pour le saluer. Sans un mot, sans un regard, il se dirige vers son fauteuil et s'assoit.

Décidément, la caque sent toujours le hareng : le ministre de l'Éducation en manque cruellement, d'éducation !

▸ Nous écoutons donc religieusement la bonne parole de Bébert le Nobiliaire qui souhaite « dialoguer avec les chefs d'établissement ».

Après nous avoir longuement expliqué pourquoi sa réforme était indispensable, il nous donne la parole, voulant nous écouter « sans tabou » et aborder « tous les thèmes qui vous tiennent à cœur ». Car Bébert le Sanguinaire est là, je le cite encore, pour « entendre les cadres de l'Éducation nationale qui sont sur le terrain ».

Un collègue énumère les difficultés concrètes d'application de son décret. Réponse méprisante du n° 4 du gouvernement :

> « Je ne m'attarderai pas sur toutes les contradictions de votre intervention, mais bla-bla-bla... »

Un deuxième collègue courageux lui demande comment nous devons réagir si des professeurs refusent d'appliquer ces changements. Réponse acerbe :

> « Cette éventualité n'est pas envisageable. À vous de régler ça dans votre établissement. »

Troisième intervention d'un autre collègue inconscient : la réformette crispe les enseignants de son établissement qui, en représailles, refusent de continuer à s'investir bénévolement dans des actions pédagogiques. Réponse toujours aussi cinglante :

« Si les professeurs effectuaient ces tâches avant, c'est que tout allait bien. Or ce n'est pas ce que disent les chiffres ! »

Étonnamment, ensuite, plus personne ne désire prendre la parole. Le recteur, le préfet et l'inspecteur d'académie se bousculent alors au bal des faux-culs pour meubler la conversation. Aucun problème de fond n'est abordé. Enfin, Bébert le Solitaire se lève, nous remercie d'être venus, se félicite de la tenue des débats et repart en avion privé effectuer les 300 kilomètres qui le séparent de la capitale.

Quel est son pire bilan : carbone ou relationnel ?

◗ Bébert le Missionnaire a annoncé dans les médias la « reconquête du mois de juin ». Taïaut ! Dans la foulée, il a interdit la tenue de tout conseil de classe dans les collèges avant le 15.

Conseillé par des gens compétents, Bébert le Légendaire a évidemment pris cette décision en sachant pertinemment que nous devons remonter les demandes d'orientation de nos élèves de troisième par voie informatique pour le 16 juin, dernier délai. Je propose donc aux parents et aux professeurs de tenir nos conseils de classe dans la nuit du 15 au 16. Hélas, ma suggestion ne rencontre que peu d'enthousiasme...

À cause de cette mauvaise volonté, je regrette profondément de ne pouvoir, une fois de plus, appliquer la consigne ministérielle.

◗ Albert le Visionnaire, ô surprise, a pondu une réforme. Il clame à qui veut l'entendre que c'est la panacée pour les élèves de notre pays. Mais alors pourquoi ne blâme-t-il pas le proviseur et les professeurs du lycée de son propre enfant, lesquels refusent ouvertement d'appliquer les nouvelles directives ?

Papa-ministre serait-il bipolaire ?

◗ Bébert l'Autoritaire a accompagné notre président de la République à Berlin, où a été signé un engagement solennel concernant l'apprentissage de l'allemand en France, et du français en Allemagne.

Ce matin, notre inspecteur d'académie nous annonce qu'à la rentrée prochaine l'enseignement de l'allemand sera supprimé dans de nombreux collèges du département.

> « Par Goethe et Beethoven, je me suis fait avoir ! » doit penser Mutti Angela...

◗ Conflit entre des professeurs et leur principal. La hiérarchie résout le problème en suspendant disciplinairement le chef d'établissement.

Un audit, réalisé par deux inspecteurs généraux, a pourtant approuvé sans réserve l'action de mon collègue, fustigeant l'attitude de certains enseignants qui se complaisent dans l'illégalité la plus totale, notamment en détournant des fonds publics. Bébert le Ver de terre, qui reçoit le syndicat des professeurs – mais pas celui du principal –, le sait parfaitement. Il choisit sciemment de suivre les plus forts plutôt que d'avoir un minimum d'éthique.

Je ne pensais pas un jour éprouver un tel mépris pour mon grand chef.

◗ 92 % de professeurs grévistes dans mon établissement. Dont beaucoup qui cessent le travail pour la première fois de leur carrière. Des professeurs éminemment respectables, de qui Bébert l'Égalitaire apprendrait beaucoup, tout ministre qu'il est. Des professeurs qui travaillent cinquante heures par semaine, qui viennent au collège même avec 39 °C de fièvre ou le bras cassé. Des professeurs grâce à qui notre pays n'est pas – encore – totalement parti à vau-l'eau. Bébert le Libertaire ne se sentirait-il donc pas concerné ?

Car lui qui prône le dialogue social fait le choix de publier le décret d'application de sa réformasse dès le lendemain de cette journée de grève, massivement suivie dans toute la France. Sans le moindre doute, la moindre remise en cause. Au mépris de tous ces fonctionnaires dignes dans leur colère. Bébert le Très Fier se croit-il infaillible ?

J'ai honte pour lui et les idées généreuses qu'il prétend incarner.

▶ Après la fixette « technologie » du ministre scientifique et la fixette « latin » du littéraire, voici la fixette « musique » de Bébert le Vacataire, mélomane averti. Pourquoi pas, après tout ?

Ainsi, au journal télévisé de ce soir de rentrée, le « peuple de France » peut voir un reportage sur une rentrée musicale dans un collège, en application des consignes ministérielles. Que c'est mignon, tous ces petits musiciens en herbe !

Il aurait été intellectuellement honnête d'apporter quelques précisions à ce tableau idyllique. Le professeur d'éducation musicale qui donne l'impression d'improviser a en fait été contacté durant ses vacances afin de tout préparer. Quant aux élèves, particulièrement motivés à l'écran, ils font partie d'une classe à horaires aménagés en musique (CHAM). Dans les autres collèges, le souci principal des chefs d'établissement était d'avoir tous les professeurs nommés. Alors vous pensez bien que la consigne de Bébert le Stagiaire, la 58 763e en ce qui me concerne, ce n'était pas notre priorité !

Musique, maestro !

LE RECTORAT

Le bazar généralisé n'est pas l'apanage des collectivités territoriales. Au rectorat[1] aussi, le ratio cadre sup/fonctionnaire de catégorie C penche du côté des « costumes-cravates ». Et notre administration déconcentrée n'a aucunement à rougir de son organisation : en matière de doublons, de chargés de mission inutiles et de postes à profil, elle n'a de leçon à recevoir de personne. Que le recteur qui connaît l'effectif de son académie à la centaine près lève la main !

De nombreux chefaillons s'y épanouissent en multipliant les ordres et les contrordres. D'où un désordre qu'affrontent au quotidien, avec philosophie, les pauvres secrétaires qui subissent leurs egos parfois malmenés.

En phosphorant, ces cadres sup dégagent suffisamment de chaleur pour faire tourner à plein régime les turbines d'un tas d'usines à gaz… et pour commettre des boulettes qui provoqueraient sans coup férir leur licenciement pour faute grave s'ils travaillaient dans le privé.

1. Les anecdotes de ce chapitre relatent des faits qui ont eu lieu tout au long de ma carrière et concernent des recteurs différents.

◗ Fin août. Grand-messe de rentrée. Drame pour l'académie : en juin dernier, les chiffres aux résultats du bac ont baissé. Le recteur – quel phraseur ! – s'agace, s'énerve : ces piètres résultats incombent aux proviseurs puis, dans une moindre mesure, aux professeurs. L'éventuelle responsabilité des lycéens n'est évidemment pas abordée.

Deuxième partie du discours : le ministre a besoin des chefs d'établissement pour faire appliquer sa réforme. Besoin de toute leur énergie et de leur force de persuasion, car, comme le haut fonctionnaire nous le dit en toute franchise :

> « C'est loin d'être gagné d'avance ! »

Bref, les proviseurs sont mauvais, mais on compte quand même sur eux. Le recteur – quel noceur ! – redresse donc la barre. Il conclut son discours en nous caressant dans le sens du poil :

> « C'est bien. Je vous remercie de votre investissement ! »

Tout flatteur vit aux dépens de celui qui l'écoute !

◗ Réunion de rentrée. Non ! ? C'est vraiment elle ! ? La personne qui est incapable d'aligner cinq phrases sans faire une faute de syntaxe ! ? Qui mastique consciencieusement son chewing-gum la bouche ouverte ! ? Qui est habillée comme l'as de pique ! ? Qui envoie des SMS durant les discours des différents intervenants ! ? Qui farfouille dans son sac à main et discute à haute voix avec son voisin alors qu'un inspecteur est en train de parler ! ? Qui sort fumer sa cigarette ! ? C'est donc elle notre nouvelle rectrice – quel supplice ! –, notre chef, notre modèle ! ?

Je me sens d'un autre temps...

◗ Lors d'une réunion, le recteur – quel aboyeur ! – nous a clairement signifié que nous étions, nous chefs d'établissement, les premiers responsables des mauvais résultats de nos élèves.

En tant que papa, j'ai bien modestement la prétention de ne pas me sentir concerné par ses reproches puisque mes deux enfants ont obtenu la mention très bien, au DNB comme au bac. Mais je ne peux appliquer « ma » méthode éducative personnelle – a priori efficace, donc –, à « mes » collégiens car, en tant que fonctionnaire, je suis soumis à obéissance.

Et mes principes – « le professeur a raison », « mauvais devoir = mauvaise note », « récompense au mérite », etc. – sont en totale contradiction avec ceux que prône ma hiérarchie…

◗ Réunion de la CAPA[2] au rectorat. Nous sommes plusieurs principaux, ô scandale, à ne pas être loin de partager l'avis des délégués syndicaux des professeurs. Au cours de l'interruption de séance précédant le scrutin qui s'annonce donc serré, le secrétaire général d'académie nous tance à titre préventif :

> « Un chef d'établissement, ça vote comme on lui dit de voter ! »

Chef ! Oui, chef !

◗ Demain, « marche républicaine » pour demander aux méchants d'arrêter de tuer des gentils. Aujourd'hui, l'inspecteur d'académie – qui, tout au long de l'année, nous incite à être bienveillants envers les méchants qui font du

2. Commission administrative paritaire académique.

mal aux gentils – envoie un SMS à tous les personnels de direction : si nous souhaitons participer à ce rassemblement, le recteur – quel prêcheur ! – et lui nous donnent rendez-vous devant le rectorat.

J'ai deux solutions : soit je reste en accord avec moi-même, soit je veux ma promotion et j'y vais.

◗ Une professeure en congé maternité n'est toujours pas remplacée. Je sollicite à nouveau un entretien téléphonique avec un collaborateur du recteur – quel enchanteur ! Peine perdue : personne n'est disponible.

Une heure plus tard, un parent parvient à joindre le patron sans difficulté. Il obtient de lui – menaces médiatiques à l'appui – le remplacement immédiat de l'enseignante.

J'ai la désagréable impression de ne pas jouer dans la cour des grands...

◗ E-mail du recteur – quel mystificateur ! – à l'adresse des personnels de direction :

> « En fonction des très grandes difficultés de circulation prévues demain, de l'interdiction des transports scolaires et des conséquences en termes de modalités individuelles de déplacement, le rectorat vous recommande de prendre toutes les dispositions que vous jugerez nécessaires pour assurer la sécurité des élèves et des personnels. »

Traduction : « Faites comme vous l'entendez, sachant qu'au final c'est vous et vous seuls qui assumerez les conséquences de vos décisions. »

◗ Notre chef – cheffe ? – tient à ce qu'on l'appelle « madame *le recteur* » et ne se prive pas de rabrouer ceux qui se trompent.

Aujourd'hui, conférence de la directrice générale de l'enseignement, venue spécialement de Paris pour expliquer la réforme. À la tribune, la représentante du ministre se gargarise de « madame *la rectrice* ». Cette dernière, assise à ses côtés, ne pipe mot. Respect de la hiérarchie sans doute.

À moins qu'elle ne soit devenue non binaire...

◗ Réunion du conseil de discipline de l'Éducation nationale, instance interne composée pour moitié de représentants de l'administration et pour moitié de représentants syndicaux. Nous statuons sur le cas d'un personnel et tombons d'accord à l'unanimité – fait rarissime – pour une mise à pied provisoire.

Un mois se passe. Le recteur – quel manager ! – décide, seul, un renvoi définitif.

Peut-être est-il un descendant de Louis XIV et de son pouvoir absolu...

◗ Un nouveau recteur – quel calculateur ! – est nommé dans une académie dont les personnels de direction, via le secrétaire local de leur principal syndicat, s'agitent un peu.

Première décision du haut fonctionnaire : remplacer son chef de cabinet par le syndicaliste délégué. Coup doublement gagnant : le délégué démissionne évidemment de ses fonctions, et le syndicat, privé de son leader, est désorganisé.

Machiavel est ressuscité !

◗ Réunion des chefs d'établissement. Sur la scène de l'amphi, tandis qu'un inspecteur parle, le recteur – quel déménageur ! – met son portable à l'oreille puis s'éclipse discrètement. Nous ne le reverrons plus : il vient de se faire limoger en direct.

À tchao bonsoir !

◗ Le recteur – quel zélateur ! – envoie un e-mail aux chefs d'établissement de l'académie :

> « Je cesserai mes activités de recteur le 8 avril prochain. J'atteindrai en effet ce jour l'âge de 65 ans, qui constitue le terme légal au-delà duquel cette mission ne peut être exercée. Je retrouve mes fonctions de professeur d'université à partir de cette date. »

Vive la retraite à 80 ans pour ce travailleur usé par une vie de labeur !

◗ Un an que le proviseur d'un lycée professionnel alerte régulièrement la hiérarchie : ça chauffe dans son bahut. Ce n'est d'ailleurs pas nouveau : depuis plus de deux décennies, l'établissement traîne une sacrée réputation.

Il n'a bien sûr jamais reçu de réponse.

Hier a eu lieu un énième incident, pas pire qu'un autre. Mais, ce matin, le fait divers s'étale à la une du quotidien local. La télévision régionale embraie. Branle-bas de combat au rectorat. Réunion de crise. Il s'agit d'éteindre l'incendie.

Une heure plus tard, *la* solution est trouvée : mon collègue, évidemment seul et unique responsable des trafics de drogue, rackets et violences en réunion au sein de son lycée, est démis de ses fonctions.

Next !

◗ 11 heures : au téléphone, le rectorat me confirme qu'il n'y a toujours aucun enseignant disponible pour remplacer un de nos professeurs absent depuis un mois.

14 heures : un élève m'apporte une copie d'un courrier que ses parents ont envoyé au ministre.

14 h 05 : j'en informe le rectorat.

14 h 15 : le chef du service concerné me rappelle :

> « Je vous ai un peu menti ce matin. On vous envoie quelqu'un dès demain ! »

◗ Pièce en trois actes :

Acte I : le rectorat demande aux collèges volontaires pour faire passer des évaluations nationales à leurs élèves de cinquième de se signaler. Pour vivre heureux, vivons cachés : j'observe un silence stratégique.

Acte II : coup de fil du rectorat qui me reproche ma non-réponse, puis m'enjoint d'accepter cette tâche supplémentaire.

Acte III : le rectorat écrit aux professeurs de mon établissement, bien marris de ce travail supplémentaire, afin de leur expliquer la procédure. La lettre commence ainsi :

> « Votre chef d'établissement s'étant porté volontaire... »

◗ 10 000 euros. C'est, après négociation avec le rectorat, ce qu'ont gagné les parents d'un lycéen exclu de son établissement en échange du retrait de leur plainte. Car il y avait un vice de procédure.

On vit une époque formidable...

◗ Aujourd'hui, je suis au collège dès 6 h 30 afin de m'avancer dans mon travail, car j'ai rendez-vous à 10 heures au rectorat pour siéger à la CAPA.

10 h 05. En signe de protestation contre le recteur, les représentants syndicaux des professeurs refusent de participer aux travaux. La réunion est reportée quinze jours plus tard.

Grosse fatigue.

◗ Réunion de la CAPA chargée d'examiner les contestations des professeurs qui s'estiment mal notés par leurs principaux. 25 représentants syndicaux défendent les 16 dossiers. Bilan : 7 notes maintenues, dont une à l'unanimité pour un professeur « défaillant », et 9 réévaluées. Donc 9 méchants chefs d'établissement publiquement désavoués par leur hiérarchie.

Point suivant : les promotions. L'enseignant « défaillant » fait partie des promus, barème oblige.

Champagne !

◗ La CAPA du jour a lieu à 15 heures. Un des professeurs délégués qui y siègent prend toute sa journée – 7 heures de cours annulées. Il habite la ville où est situé le rectorat.

Mais il y a tellement d'embouteillages...

◗ Aujourd'hui, 40 personnes étaient présentes à la CAPA. À raison de 750 grammes de documents pour chacune – j'ai pesé à mon retour –, 30 kilogrammes de papier ont été utilisés – ou pas – puis jetés.

C'est la teuf des papivores !

◗ Après la grève du mois dernier, le recteur – quel chambreur ! – a demandé aux chefs d'établissement de ne pas faire remonter les noms des quelques professeurs qui ont suivi le mouvement. Lesquels, *de facto*, n'ont pas eu de retrait sur salaire.

Étonnamment, la grève d'aujourd'hui rencontre un franc succès. Mais, cette fois-ci, les enseignants ne seront pas rémunérés.

Le recteur – quel bretteur ! – doit bien savourer sa blagounette !

◗ L'enceinte fortifiée du rectorat est surmontée de centaines de pointes acérées. En cette période de soubresauts estudiantins, le recteur – quel séducteur ! – ne veut pas que les lycéens en colère se piquent les paumes des mains en assiégeant son château : si les médias le relataient, ce serait mauvais pour sa réputation. Alors il donne l'ordre de laisser le portail grand ouvert.

Les casseurs reconnaissants le remercieront en saccageant les locaux.

◗ Dans l'académie, consigne a été donnée aux correcteurs du bac de français de noter sur 24 afin de faire grimper les moyennes sur 20. Mais un petit coquin a fait fuiter l'information. Rififi dans le Landerneau !

Devant les caméras de France 3, le doyen des inspecteurs pédagogiques régionaux a ensuite tenté d'expliquer au petit peuple crédule – ou pas – qu'il s'agissait d'un quiproquo : les instructions pour le barème avaient été « mal comprises » par les professeurs… Le lendemain, le ministre y est même allé de son démenti officiel.

Ce matin, croisant le haut fonctionnaire au rectorat, je le félicite pour sa prestation télévisuelle :

> « Bravo ! Vous, alors, vous savez ramer ! On y aurait presque cru ! »

Il me sourit, complice, confirmant de fait le mensonge de notre Administration, puis peste contre le recteur – quel acteur ! – qui l'a envoyé en première ligne, seul face aux journalistes, défendre une décision contre laquelle il s'était élevé…

Et un schizophrène de plus, un !

◗ Je suis convoqué pour un entretien avec le recteur, le secrétaire général et l'inspecteur d'académie afin, je cite, de « faire un point sur la parution de votre ouvrage *Un principal ne devrait pas dire ça*[3] ». Comme je me doute que la réunion n'a pas pour objectif de me demander si le livre a du succès, je suis dans mes petits souliers…

Les trois hauts fonctionnaires commencent par me faire la morale et prendre la défense des pauvres enseignants que j'aurais traumatisés dans mon modeste ouvrage. Les Tartuffe ont-ils conscience que, chaque jour, des professeurs craquent à cause de *leur* management, celui que, justement, je dénonce au fil des pages ? Je note que, pour eux, il est donc bien plus grave de s'offusquer d'agissements indélicats plutôt que de les commettre…

Se faire humilier n'est jamais très agréable, mais je jubile intérieurement en les voyant impuissants : ils brûlent d'envie de me sanctionner pour les vérités que j'ai écrites, mais se doutent bien que, dans ce cas, l'affaire ferait des vagues… Ils se contentent donc de me mettre minable – à trois contre un, c'est facile.

Chacun prend un extrait du livre et le démolit. Je comprends alors ce qui les dérange le plus : ils ont l'impression de se reconnaître dans les anecdotes qu'ils ont relevées. Ce qui n'était pas le cas.

Enfin, jusqu'à aujourd'hui !

---

3. City Éditions, 2019.

L'INSPECTION ACADÉMIQUE

Notre inspecteur d'académie nous répète régulièrement combien nous, principaux, sommes indispensables au bon fonctionnement de l'Institution. Personnellement, j'interprète – mais j'ai mauvais esprit :

> « C'est bien, continuez à rester taillables et corvéables à merci ! »

En fait, son unique souci, comme je l'ai déjà dit, c'est de ne pas faire de vagues afin de toucher ses 50000 euros de prime annuelle. Sur le terrain, nous sommes seuls, désespérément seuls. Si une tempête se déchaîne dans notre bahut, notre chef, débordé – coïncidence malheureuse –, n'a qu'une minute à nous accorder : juste le temps de nous demander de rédiger un rapport. Limite si, en cas d'incendie, on ne doit pas lui rendre compte des circonstances du départ du feu avant d'appeler les pompiers. Une fois la crise passée, il nous téléphone pour nous expliquer comment nous aurions dû agir.

De fait, le responsable ne l'est – responsable – qu'une fois par mois : au moment de toucher sa paie. Y a-t-il aujourd'hui un seul cadre supérieur à l'Éducation nationale prêt à prendre le risque de s'égratigner le petit doigt pour la défense de l'école et de ses valeurs ?

La fonction d'inspecteur d'académie requiert une grosse dose de diplomatie, laquelle rime la plupart du temps avec démagogie. Qui n'a jamais vu un spécimen, dans la même semaine, agresser les chefs d'établissement – qu'il note – puis se coucher devant un élu local – qui a barre sur lui –, annoncer une ineptie à des professeurs puis rétropédaler devant leurs syndicats, sourire à des délégués de parents puis se moquer de leur tenue et de leur langage sitôt la réunion terminée, n'a pas décrypté le logiciel de ces hauts fonctionnaires...

◗ La plupart des inspecteurs d'académie sont courageux. Appelons-les « Pleutre ». Désireux d'entrer dans la carrière quand leurs aînés n'y seront plus, ils font tout pour être nommés dans un territoire plus prestigieux que leur département. Accolons donc « le Conquérant » à leur nom...

Lorsque notre seigneur et maître Pleutre le Conquérant descend de son donjon pour s'adresser à ses vilains – les chefs d'établissement –, c'est pour leur rappeler la devise de son blason : « Chercher à comprendre, c'est commencer à désobéir. »

S'il veut obtenir sa mutation, Pleutre le Conquérant doit respecter deux impératifs :

a) enfumer et/ou anesthésier les médias locaux afin de ne pas faire de vagues ;

b) sortir de bonnes statistiques.

Et pour cela il est prêt à tout, ou presque.

◗ « C'est avec des hochets qu'on mène les hommes ! » a dit le premier consul Napoléon Bonaparte pour justifier la création de la Légion d'honneur. Ses propos sont toujours d'actualité dans notre République...

Lorsque j'ai été nommé sur mon premier poste de chef d'établissement, Pleutre le Conquérant m'a prévenu solennellement :

> « Vous arrivez dans un collège en perdition. Je compte sur vous pour mettre un coup de pied dans la fourmilière ! »

Fidèle grognard boosté par la confiance de mon supérieur, j'ai tenté – « Impossible n'est pas français ! » a également dit Napoléon Ier – de faire appliquer la réforme à des professeurs en poste depuis trente ans dans le même collège. Dérangés dans leurs habitudes, ils ont manifesté leur mécontentement. Et là, plus personne ! Waterloo, morne plaine ! Pleutre le Sanglant m'a bravement laissé batailler tout seul, en première ligne...

Quand j'ai quitté cette académie, j'ai eu droit à ma friandise pour bons et loyaux services : les palmes académiques. Le message de mon chef était facile à déchiffrer :

> « Je vous soutenais moralement, mais je ne voulais pas me mettre les syndicats d'enseignants à dos, car c'est mauvais pour mon avancement. Voici une petite médaille pour m'excuser. »

J'ai bien retenu la leçon. Depuis, dans les collèges où je suis passé, je n'ai plus jamais eu de conflit avec les professeurs.

Quant à l'application des réformes qui se sont succédé, vous m'avez compris...

▶ Traditionnelle réunion de rentrée des chefs d'établissement avec notre lunatique Pleutre le Fluctuant.

1re partie : entrain et bonne humeur

En énumérant les nouveaux arrivants dans le département, il oublie une collègue. Sourire aux lèvres, le clown présente publiquement ses excuses :

« Oh, pardon, j'ai sauté Mme Dupont ! »

Puis, clin d'œil égrillard à la salle, il passe la parole à l'un de ses collaborateurs :

« Je vais maintenant introduire M. Durand ! »

2e partie : sérieux et confidence

Il nous donne ensuite son avis personnel sur les relations étroites qu'entretiennent les syndicats d'enseignants et le gouvernement. Il nous précise que « c'est off », que « ça reste entre nous » et qu'il « ne fait pas de politique ».

3e partie : crispation et menace

Enfin, il s'énerve au sujet des redoublements en sixième :

« Y en a parmi vous qui nous plombent nos chiffres. C'est pas bon pour moi, j'me fais taper sur les doigts par M. le recteur ! Mais ça va pas être bon pour eux non plus ! »

Il frappe du poing sur la table et monte dans les aigus pour parler de sa corporation :

« On est évalués au mérite. Et le mérite, c'est les sta-tis-tiques, bordel ! »

Un p'tit Xanax pour le chef, peut-être ?

◗ Comme à chaque réforme, notre collège – et tant d'autres – gronde. Pleutre le Rugissant apprend qu'une professeure stocke des écrits subversifs dans son casier. Il m'appelle :

> « Des tracts syndicaux dans un établissement ! On aura tout vu ! Interdisez-moi ça immédiatement ! »

J'avise l'enseignante de l'ordre supérieur, laquelle le transmet à ses représentants syndicaux. Ces derniers informent le recteur – enfin, je suppose, car c'est la suite logique – de cette initiative personnelle peu conforme aux droits des travailleurs. Le grand chef convoque Pleutre le Rugissant pour lui passer un savon – je présume, au vu du « pas de vagues » qui gouverne notre Institution. Le courageux haut fonctionnaire n'assume pas : il nie avoir donné cette consigne et en rejette l'entière responsabilité sur moi. Je le devine, et fortement... car il me téléphone ensuite pour me faire valider sa version des faits.

Une soufflante, mes amis ! Les hurlements qui sortent du combiné posé sur mon bureau rebondissent sur les murs de la pièce et s'entrechoquent dans mon crâne :

> « Qu'est-ce que c'est que cette histoire ? Je vais m'occuper de vous ! C'est vous qui avez pris cette initiative d'interdiction, et vous seul ! Je ne vous ai rien dit ! Hein, que je ne vous ai rien dit ! ? Dites-moi que je ne vous ai rien dit ! Vous allez monter dans mon bureau, vous allez voir ! Vous êtes chef d'établissement, ou quoi ? »

Euh, pour le Xanax... double dose, s'il vous plaît !

◗ Enfin ! Ça y est ! Depuis le temps ! Je n'allais quand même pas arriver à la retraite sans me faire agresser physiquement !

Pour le collégien, l'affaire est close : il est rentré tranquillement chez lui se reposer avant de commencer son business de nuit. Mais pour moi, les ennuis ne font que commencer : compte rendu à mon chef, visite chez le médecin, dépôt de plainte au commissariat, etc.

J'avoue : cet incident m'a quand même un peu secoué. Ma hiérarchie, elle, a une telle confiance en ma solidité psychologique qu'elle ne me passera aucun coup de fil.

Pas de nouvelles, bonnes nouvelles...

◗ Pour être certain de ne pas provoquer de conflit, Pleutre le Fuyant me demande de rédiger ma propre lettre de mission. Il se contente de la signer, sans rien oser modifier, bien sûr.

Encore un supérieur courageux sur qui je pourrai compter en cas de coup dur...

◗ Cette nuit, notre collège a été cambriolé. Ce matin, tout le monde est un peu sous le choc. J'appelle Pleutre le Clinquant. Aucune compassion. Seule et unique préoccupation :

> « Avez-vous complété le formulaire de signalement ? »

Je m'en doutais : c'est un fan de Courteline et de ses ronds de cuir...

◗ Lundi. Un parent me demande une troisième photocopie du bulletin de son fils. Cette fois-ci, je refuse : il est bien spécifié sur le bilan trimestriel qu'« aucun duplicata ne sera délivré ».

Mardi. Pleutre l'Impénitent m'ordonne de céder.

Je suis battu, je paie l'amende.

◗ Visite de Pleutre le Courtisan dans notre collège à l'occasion d'une action pédagogique originale. Il m'avoue à demi-mot qu'il a d'autres choses à faire, mais que le recteur l'a obligé à venir. La presse n'est toujours pas là. Mon supérieur s'impatiente. Je lui propose :

> « Si vous voulez partir... Lorsque les journalistes arriveront, je leur dirai que vous êtes passé ! »

Il acquiesce avec empressement et soulagement. Mon chef a peur du grand chef !

▶ Une mère d'élève a appelé la secrétaire de notre établissement une dizaine de fois dans la journée pour défendre son fils, qui harcèle la fille de ma collaboratrice – les deux petits sont dans la même classe. Au onzième coup de téléphone, je prends la communication et signifie à la maman qu'il ne faut plus nous déranger pour cela.

16 h 30 : je raccroche.

16 h 47 : e-mail de Pleutre le Pédant, je dois m'expliquer et rendre des comptes.

▶ Un agent d'entretien de mon collège a le malheur d'être consciencieux et de booster l'équipe. Un de ses camarades syndiqués, nettement moins motivé, va se plaindre de lui au conseil départemental. Lequel s'empresse de muter l'élément sérieux. Sans entendre d'autres versions, *of course*. Je proteste auprès du président-dictateur général de la collectivité territoriale. Ce dernier, n'appréciant guère mon outrecuidance, rapporte l'incident à Pleutre le Déroutant, qui me convoque. En présence d'un sbire de l'élu, il m'intime l'ordre de ne pas recommencer. Puis, une fois seuls, me dit qu'il m'approuve et me soutient.

Passez devant, je vous couvre !

▶ Pleutre le Résistant, manifestement pas sur la même longueur d'onde que notre ministre, nous fait comprendre qu'il ne nous en voudra pas si nous n'appliquons pas les directives du grand patron :

> « À vous, chefs d'établissement, de nuancer l'application de cette circulaire ! »

Mais où est donc passé le devoir d'obéissance du fonctionnaire ?

◗ Fin d'un conseil de discipline. J'annonce le verdict. Les parents de l'élève exclu hurlent leur rage, insultent, menacent, renversent tables et chaises. La police intervient pour nous protéger. Gros traumatisme pour tout le monde. Le lendemain, j'avertis le cabinet de mon chef bien-aimé, celui qui me protège et m'encourage au quotidien.

J'ai dû me tromper en donnant mon 06 : je ne recevrai jamais d'appel de sa part.

◗ Réunion des personnels de direction. Pleutre l'Obsolescent déclare, au sujet de l'entrée en seconde européenne :

> « Le tirage au sort, c'est moins mauvais que la sélection par le mérite. »

J'espère pour lui que le pilote de l'avion qui l'emmènera en vacances cet été ne sera pas tiré au sort parmi les personnels de Paris Aéroport…

◗ J'informe le secrétariat de mon chef qu'un parent m'a sévèrement calomnié et menacé sur un réseau social… Deux jours plus tard, Pleutre le Flamboyant m'appelle en urgence et va à l'essentiel :

> « Alors, d'abord, il faut penser à compléter les "faits établissement[1]". »

1. Logiciel qui recense les faits graves qui se passent dans les établissements scolaires.

Je l'informe ensuite que j'ai décidé de porter plainte et lui demande ce que compte faire l'Institution, qui est censée me protéger. Réponse :

> « Je vous approuve totalement ! C'est votre droit et vous avez raison ! »

Pleutre l'Innocent fait semblant de ne pas comprendre ma question qui engageait une prise de responsabilité de sa part. J'en arrive à me demander s'il prend seul l'initiative d'aller déféquer ou s'il a besoin de l'autorisation de son ~~rectum~~ recteur…

▶ Le grand frère d'un de nos collégiens et deux compères, après avoir escaladé la clôture du collège, sont entrés dans le gymnase pour régler son compte à un brave professeur qui faisait tranquillement cours à ses élèves. Ce dernier, choqué, est en arrêt de travail. Seule et unique préoccupation de Pleutre le Réfrigérant : y aura-t-il un conseil de discipline ? À aucun moment il ne prendra des nouvelles du pauvre enseignant, qui mettra des mois à s'en remettre…

▶ Des parents souhaitaient inscrire leur fille dans un autre collège que le nôtre, dont elle dépend. Refus de la commission académique.

Un samedi après-midi de juillet, j'ai donc consacré deux heures de mon temps à faire visiter notre établissement à la petite famille, qui avait besoin d'être rassurée.

Septembre. Lucie est finalement inscrite dans le collège que ses géniteurs avaient demandé. Pleutre le Sultan en a décidé ainsi. Et comme je ne suis pas concerné par cette histoire, il n'a pas daigné me prévenir.

Car tel est son bon plaisir…

◗ Nous devons accueillir Aristide, exclu d'un autre établissement. J'alerte Pleutre le Suffisant : le collégien vient d'un quartier dont la bande se bat régulièrement avec nos élèves. Résumé de la réponse du haut fonctionnaire : de quoi je me mêle ?

Lundi, premier jour : RAS.

Mardi : Aristide se fait menacer.

Mercredi : il sort de notre bahut sous la protection de la police municipale.

Jeudi et vendredi : il sèche les cours.

Le lundi suivant, il se fait passer à tabac à sa descente du tram. Hôpital, police, tension dans le quartier.

Son excellence Pleutre l'Étincelant aurait dû forcer sa nature en s'abaissant à écouter le gueux que je suis…

◗ Nourredine, en troisième, n'en peut plus des études. Son rêve : être mécanicien. Il se dissipe et commence à sécher. Nous lui proposons un « parcours dérogatoire » : alterner deux semaines chez un garagiste et une semaine au collège. Et ça marche ! Nourredine est calme chez nous et donne entière satisfaction à son patron.

Aucun intérêt pour lui de passer le DNB : il court à l'échec. À la place, je propose à ses parents de l'inscrire au certificat de formation générale. Ils acceptent la proposition avec enthousiasme.

Mais il lui faut une dérogation. Que Pleutre le Charlatan s'empresse de refuser. Le collégien en a les larmes aux yeux. Pauvre gamin !

Nourredine ne nous donnera plus signe de vie. Il sortira donc du système éducatif sans diplôme, alimentant ainsi les statistiques honnies par celui qui aura concrètement et activement contribué à les augmenter.

Carton plein pour mon chef !

◗ Nous avons exclu définitivement un élève. Mon rôle est terminé. Les parents du pauvre petit bichonnet refusant la nouvelle affectation, Pleutre le Décapant décide de scolariser l'innocent dans l'établissement de leur choix. Depuis, le traumatisé du collège sèche les cours pour venir me provoquer et me menacer régulièrement au portail de notre bahut. Il est persuadé que je suis le méchant qui voulait l'obliger à s'exiler loin de chez lui, et que mon supérieur est le gentil qui a réparé l'injustice.

Bravo, Jojo le Démago !

◗ Un papa mécontent a écrit à Pleutre le Ventripotent. Lequel me demande aujourd'hui des « éléments de réponse ». Aïe. Si ça se reproduit trop souvent, et même si chaque fois les protestataires ont tort à 100 %, ce sera mauvais pour ma carrière.

Car, à l'Éducation nationale, le crédit accordé à un dossier est bien souvent proportionnel à son poids.

◗ Année N – 1 : un collègue principal, nommé pour un an dans un collège à la dérive, exclut une dizaine de voyous scolarisés en quatrième. Il est convoqué par Pleutre le Bien-Pensant, qui lui reproche son manque de bienveillance.

Année N : Les résultats au DNB – ceux des ex-quatrièmes, donc – sont en forte augmentation. La hiérarchie félicite le nouveau chef de cet établissement désormais apaisé.

À l'Éducation nationale, ce qui appartient à César ne lui est pas forcément rendu.

◗ Dans le quotidien régional, un ami principal est interviewé. Réforme mise en place dans son collège, professeurs enthousiastes, élèves motivés, atmosphère de travail… Il dit exactement le contraire de ce qu'il pense.

J'aurais fait pareil : l'inspection académique est abonnée au journal et il souhaite obtenir sa promotion…

▶ Le fils du secrétaire général de l'inspection académique est suspecté d'avoir vendu du cannabis dans son collège. Il comparaît devant le conseil de discipline de son établissement. Papa, accompagné d'un avocat, le défend bec et ongles. Décision finale : exclusion définitive…

Heureusement, l'homme en robe connaît bien son métier : le verdict sera cassé pour vice de procédure. Ouf ! L'honneur paternel est sauf !

▶ Mon collègue Jacques, soucieux de ne pas déplaire à notre hiérarchie, passait son temps à négocier avec les pirates de son collège, au grand dam des enseignants. Les parents des vauriens, par contre, étaient satisfaits de ce chef d'établissement qui défendait leurs petits chéris dès qu'un méchant professeur voulait les punir. De fait, Pleutre le Léviathan n'avait qu'à se louer des qualités de manager de Jacques : aucun conseil de discipline en trois ans. Pour les statistiques, c'était parfait…

Début avril. Changement total. Finie l'impunité. Jacques estime que le temps de la sanction est venu : 15 exclusions temporaires depuis quatre jours. Les géniteurs qui viennent se plaindre repartent de son bureau la queue entre les pattes. Soutenus, les professeurs respirent. L'ambiance se réchauffe.

Car Jacques se lâche depuis qu'il a obtenu sa mutation pour la prochaine rentrée. Trois mois et cinq conseils de discipline plus tard, les enseignants regretteront beaucoup son départ. Pas Pleutre le Tout-Puissant qui, impuissant sur ce coup-là, devra remonter de mauvais chiffres au recteur…

◗ Les lycéens s'agitent : manifs, grève, blocage, etc. Pleutre l'Incompétent convoque les proviseurs à une réunion de crise. Ces derniers l'alertent sur le mouvement qui se durcit. Mais, de son bureau, le haut fonctionnaire sait évidemment mieux que mes collègues ce qui se passe sur le terrain. Il leur donne l'ordre – malgré leurs protestations – de garder leurs lycées ouverts. Il n'a pas reçu de consigne du ministère, il ne va pas prendre une initiative malheureuse, son avancement risquerait d'en pâtir...

Bingo : dès le lendemain, des casseurs mettent le feu dans un lycée, causant plusieurs dizaines de milliers d'euros de dégâts. Accessoirement, je passe une heure au téléphone avec la collègue proviseure en larmes, complètement déstabilisée, qui culpabilise :

> « J'ai eu peur pour ma vie ! Je suis inapte à ma fonction ! Je n'ai pas su protéger mes personnels ! »

◗ Pleutre le Militant, haut fonctionnaire qui se doit de rester neutre, a participé joyeusement aux agapes – non institutionnelles – organisées par la section départementale d'un syndicat des personnels de direction. Depuis, lors des réunions – institutionnelles –, il embrasse les affiliés comme du bon pain. Hasard : ils seront promus, contrairement à moi qui ne suis pas syndiqué et qui serre respectueusement la main de mon chef.

D'aucuns diront que c'est la jalousie qui me fait parler... Ils ont raison !

◗ Mme Siansinphuse, inspectrice en élémentaire spécialiste de l'école maternelle, n'a jamais mis un pied dans un collège ou dans un lycée. Peut-être est-ce la raison pour laquelle elle a été nommée responsable de la formation continue des principaux et des proviseurs. Elle distille désormais des recommandations avisées que ses stagiaires s'empressent – heureusement – d'oublier afin de ne pas mettre le feu à leur établissement.

Car les conseilleurs ne sont jamais les payeurs, surtout à l'Éducation nationale.

◗ Bagarre entre deux élèves. Un enseignant les sépare. Les parents d'un des deux boxeurs veulent attaquer le professeur en justice, car leur fils porte des traces de coups – ceux donnés par l'autre protagoniste. Le principal, qui a des comptes personnels à régler avec l'arbitre pédagogue, saisit l'occasion pour appeler Pleutre le Combattant. Ce dernier, sans entendre l'enseignant, suspend aussitôt le malheureux à titre conservatoire. Les parents, satisfaits, s'arrêtent là.

Habeas corpus...

◗ L'année dernière, quand notre actuel ministre soutenait notre actuel président, qui n'était alors que candidat, Pleutre le Triomphant avait publiquement pris parti contre les valeurs que tous deux défendaient...

Aujourd'hui, ce haut fonctionnaire doit faire appliquer le programme sur lequel il crachait il y a peu. N'ayant pas tourné casaque, il se comporte – en toute impunité – à l'inverse de ce qu'il exige de nous : de manière déloyale envers sa hiérarchie...

Fourbe, mielleux, ambitieux, sûr de lui : je lui prédis un brillant avenir.

◗ Devant nous, Pleutre l'Odoriférant regrette que certains inspecteurs généraux « ne [soient] pas convaincus par la réforme ». Nous traduisons instantanément : « Si c'est en train de capoter, c'est parce que des hauts fonctionnaires chargés de faire appliquer la loi désobéissent au ministre. »

Ouh là ! Si même les gradés lavent leur linge sale en public !

◗ Dans l'Éducation nationale, la com a tellement pris le pas sur le contenu qu'un de mes collègues principaux a inscrit dans son projet d'établissement, comme objectif à atteindre : « Avoir trois articles par an sur le collège dans la presse locale. »

Pleutre le Communicant a validé ce projet.

Un passage au JT de 20 heures de TF1, et c'est la promotion éclair assurée !

◗ Fin mai. Réunion des « cadres ». Pleutre l'Anesthésiant insiste :

> « Le conseil de discipline a une valeur éducative. Et comme en juin il n'y a plus de mesures éducatives possibles, il ne faut pas le convoquer. Ne soyez pas dans la confrontation, mais dans le dialogue ! »

Pourtant, pas plus tard que la veille, il m'a appelé en personne pour m'inciter à traduire deux de mes élèves devant cette instance, alors que j'avais l'intention de me montrer bienveillant.

Il faut dire que les deux incriminés avaient tabassé un « camarade » à la sortie du collège et que le géniteur de la victime avait écrit une lettre à mon supérieur en le menaçant de porter l'affaire plus haut s'il n'y avait pas de sanction…

Je ne savais pas que mon chef avait des ancêtres crocodiliens : grande bouche mais petits bras...

◗ Je sors d'une réunion qui regroupait les chefs d'établissement du secteur. Nous avons commencé par un tour de table. *Tous* les collègues ont fait part de leur découragement, de leur écœurement et de leur colère. Non pas à cause du métier que nous avons librement choisi et que personne ne nous oblige à exercer, mais parce que nous avons *tous* été victimes, à un degré ou à un autre, d'un lâchage caractérisé de notre hiérarchie.

Si nous agissions avec « nos » professeurs comme nos supérieurs agissent avec nous, l'Éducation nationale – je pèse mes mots – exploserait.

◗ Pleutre le Mauvais Perdant n'est pas content : les résultats au DNB sont en baisse dans son département. Convocation des chefs d'établissement et mise au point...

Pas d'affolement : aucune directive concernant le travail des élèves ou les méthodes des professeurs. Seule et unique consigne : évaluer avec encore plus de bienveillance.

À l'Éducation nationale, même quand on a atteint le fond, on creuse encore !

◗ Hier, le département a été mis en alerte rouge à cause des inondations. Le préfet a attendu l'heure de sortie des élèves pour prendre un arrêté, non pas de *fermeture des collèges* pour le lendemain, ce qui aurait simplifié les choses, mais de *suspension des cours*. Ce matin, donc, notre établissement est ouvert et quelques professeurs ont bravé les intempéries pour venir travailler. Journée tranquille : zéro élève présent.

Hier, en fin de matinée, c'est moi qui ai pris l'initiative, avec d'autres collègues principaux, d'annuler un spectacle qui devait regrouper plusieurs centaines de collégiens venant de plusieurs établissements, spectacle prévu le soir même sous l'égide de Pleutre le Mort-Vivant, dont nous attendons toujours des nouvelles. Vers midi, j'ai décidé, seul, de faire appeler les parents pour qu'ils viennent chercher les 300 élèves de notre collège qui, si j'avais attendu des ordres, n'auraient pas pu rentrer chez eux après leurs cours, faute d'accès à leurs habitations cernées par les eaux. J'en passe des pires et des meilleures. Tout au long de cette journée exceptionnelle, je n'ai reçu aucune consigne de ma hiérarchie. Cela dit, je n'en attendais pas : j'ai l'habitude.

Pleutre le Navrant n'est pas habitué à agir/réagir dans l'urgence. Je ne lui en veux pas. Mais qu'il fasse au moins preuve d'un peu de pudeur : qu'il cesse de m'importuner avec son PPMS[2] ou autre paperasse administrative que je dois rédiger en respectant la marge et la police de caractères. Mes collaborateurs et moi avons, nous, prouvé que nous savions gérer 900 élèves en situation de crise.

2. Plan particulier de mise en sûreté.

LES COLLECTIVITÉS TERRITORIALES

Durant ma carrière, j'ai exercé dans plusieurs départements, dirigés par des partis politiques différents. Tous, je dis bien tous, ont un point commun : un gaspillage éhonté des deniers publics en dépenses inutiles et en effectifs pléthoriques. Certes, les exemples qui vont suivre ne se chiffrent pas en millions d'euros, mais ils sont à multiplier par le nombre de collectivités territoriales ! Cette gabegie financière est d'autant plus rageante qu'il suffirait simplement d'en avoir la volonté pour la faire cesser. Mais il est tellement facile d'être généreux avec l'argent des autres !

Le pire, je crois, est le budget com. Le prix de revient d'une voix « achetée » de cette manière par les élus locaux – *low cost* serais-je tenté d'écrire – est faramineux.

Autre caractéristique des conseils départementaux : depuis la décentralisation, certains de leurs présidents rêvent de mettre au pas les collèges de leur territoire. Encouragés par le silence des Ponce Pilate de notre Institution – les inspecteurs d'académie – qui, carrière oblige, regardent ailleurs dès que ça chauffe entre un principal et un élu, ces notables font preuve d'un autoritarisme inversement proportionnel à leur connaissance du monde de l'Éducation.

◗ Le conseil départemental nous envoie par courriel son annuaire des personnels. Bonne nouvelle pour la planète : je ne l'imprime pas. Bonne nouvelle pour l'emploi : la collectivité territoriale a embauché. Le PDF compte 197 pages.

Le principe adopté est celui de l'armée mexicaine, le « 2 pour 1 » : 2 sous-officiers pour encadrer 1 militaire du rang, 2 officiers subalternes pour encadrer 1 sous-officier, et 2 officiers supérieurs pour encadrer 1 officier subalterne.

◗ Le ministre inaugure notre collège. En traversant le centre de documentation et d'information, il jette un œil approbateur aux étagères, déjà bien fournies.

Le général de Jésus Sucrelèfrez[1] – appelons ainsi les présidents-dictateurs-généraux des conseils départementaux – jubile intérieurement. La veille, il a ordonné à un de ses officiers supérieurs, le colonel Saimoileplubalez, d'ordonner à un officier subalterne d'ordonner à un sous-officier d'ordonner à quatre soldats d'« emprunter » plusieurs centaines de livres à la médiathèque départementale afin de garnir, le temps du passage ministériel – trente secondes –, les rayons en pin de notre local flambant neuf.

Le ministre, tel Édouard Herriot lors de sa fameuse visite en Ukraine, n'y voit que du feu…

1. Les anecdotes de ce chapitre relatent des faits qui ont eu lieu tout au long de ma carrière et concernent des présidents de conseils départementaux différents.

◗ Sollicités par la maman d'un de mes élèves de troisième qui va bénéficier d'un suivi psychologique, les services sociaux du général Sucrelèfrez acceptent de prendre en charge les frais du taxi qui transportera – aller et retour – l'adolescent une fois par semaine tout au long de l'année scolaire.

Le psy exerce à 200 mètres de l'appartement familial. Trois minutes de marche.

Un kilomètre à pied, ça use, ça use...

◗ Un de nos élèves était absentéiste. J'avais tenté un électrochoc auprès de sa maman :

> « Si la situation n'évolue pas, on va vous retirer la garde de votre fils. Par contre, s'il retourne en cours, aucune procédure ne sera entamée. »

Bingo : Antoine est revenu au collège.

Et puis l'assistante sociale du général Sucrelèfrez a rendu visite à la famille. Elle a rassuré la génitrice :

> « Ne vous inquiétez pas, madame, il en faut plus que ça pour enlever un enfant à sa mère ! »

Dès le lendemain, Antoine a disparu des écrans radars, pour de bon cette fois.

Un grand merci à l'assistante du service social départemental, pédagogue éclairée qui m'aide efficacement dans ma mission de garant de la scolarisation de nos collégiens.

◗ Plan Vigipirate renforcé : le général Sucrelèfrez et sa vingtaine de colonels font apposer des films opaques sur toutes les vitres des rez-de-chaussée et changer toutes les serrures de toutes les salles des 60 collèges du département. Ils confient les codes des alarmes et les clés des établissements aux entreprises qui interviennent.

Aïe ! Un sous-traitant a perdu un trousseau... Le plan Vigipirate est défoncé !

◗ Notre département compte des collèges de 150 élèves et d'autres de 1 000. Chacun est doté d'une photocopieuse. Situé en ville ou entouré de plusieurs hectares d'espaces verts, chaque établissement dispose, pour l'entretenir, d'un agent polyvalent.

L'état-major du général Sucrelèfrez ne comprend pas pourquoi les principaux, éternels râleurs, trouvent ces justes mesures inéquitables...

◗ Surprise ! Dans notre collège comme dans tous ceux du département, une entreprise vient remplacer tous nos postes téléphoniques. Nous n'avons rien demandé : tout fonctionnait parfaitement. Le général Sucrelèfrez aurait-il des actions chez Alcatel ?

Merci petit papa Noël ! J'attends maintenant avec impatience ma prochaine feuille d'impôts locaux !

◗ Des mois que le conseil départemental fait pression sur la gestionnaire de notre collège pour qu'elle effectue nos achats exclusivement par l'intermédiaire d'un groupement de commandes... dont les tarifs sont supérieurs à nos fournisseurs habituels.

Qui peut donc y trouver un ~~conflit d'intérêts~~ intérêt ?

◗ Il paraît que le courriel est plus économique que le papier. Pas pour notre conseil départemental en tout cas, qui double systématiquement ses courriers électroniques de lettres affranchies au tarif urgent.

Ceinture *et* bretelles.

◗ Visite des colonels Lardelasaintez, Hiacominmalez, Bezoindunalez, Sessondèfadez et Salpunez, en mal d'occupation. Les cols blancs sont surpris et vexés qu'on leur demande de payer s'ils veulent prendre leur repas au self du collège.

Hé, messieurs les miséreux ! Charbonnier est maître chez lui !

◗ Tous les agents des établissements du département ont reçu une information syndicale dans une enveloppe siglée et affranchie « conseil départemental ».

Ils sont timbrés, ou quoi, là-haut ?

◗ Le colonel Tavumamerguez furète dans notre collège. Plus simple et plus direct qu'un « s'il vous plaît ? », il claque des doigts en sifflant pour appeler la personne qu'il aperçoit au bout du couloir.

Le gradé va vite le regretter : il s'agit de notre gestionnaire, fière et féministe, qui a la tête près du bonnet...

◗ Un agent d'entretien apprend brutalement par lettre officielle que son poste est supprimé et qu'il devra aller travailler dans un autre collège, à 20 kilomètres de là, dès le mois suivant.

C'est le bien nommé service « valorisation des agents » du conseil départemental qui a rédigé la lettre.

◗ 24 juin. J'envoie un courrier aux parents de nos futurs nouveaux internes : réunion d'accueil le 1er septembre prochain à 18 heures.

Juillet. Fin de la rénovation de notre établissement.

26 août. Coup de téléphone du service « relations publiques » du général Sucrelèfrez : l'inauguration du collège aura lieu le 1er septembre à 18 heures. Tout est prévu : invitations, presse, etc., je n'ai à m'occuper de rien. Ah, si, hyper important : je suis responsable de l'achat des

petits fours. Je proteste : quid des parents de nos internes, qui ont déjà dû prendre leurs dispositions ?

Un quart d'heure plus tard, appel de l'inspecteur d'académie :

> « Alors, monsieur le principal, que se passe-t-il avec le conseil départemental ? Il y a des problèmes ? »

Hou, les cafteurs !

◗ En mai, j'ai demandé du mobilier scolaire – des chaises notamment – au conseil départemental pour équiper notre classe ULIS[2] qui ouvre en septembre. Ce matin, avant-veille de rentrée, je reçois la réponse du colonel Lecusurlachez : « on » va examiner ma requête, mais, en tout état de cause, si la réponse est positive, ce sera pour la rentrée prochaine.

Pourtant, nos élèves, contrairement aux ânes, ne restent pas debout toute la journée !

◗ 5 septembre, 8 heures. Je suis au portail d'entrée. Un sixième m'apostrophe, inquiet :

> « M'sieur, c'est vrai que le collège va fermer ? »

J'ouvre des yeux ronds :

> « Qu'est-ce que tu racontes ?
> – Ils l'ont dit hier, à la télé ! »

Je rassure le petit : une fermeture d'établissement scolaire ne peut certainement pas se décider d'un claquement de doigts ! De plus, en tant que principal, j'en serais évidemment un des premiers informés ! Il a dû mal comprendre !

8 h 30. Coup de téléphone d'un journaliste de France 3, puis du journal local. Sujet des deux demandes d'interview :

2. Unité localisée pour l'inclusion scolaire.

la fermeture de notre collège. Renseignements pris, il s'avère en effet que le colonel Mèquilsetez l'a bel et bien évoquée la veille, aux informations régionales, arguant du fait que notre pédagogie pâtit de nos faibles effectifs. C'est un spécialiste qui a parlé : le député siège également à la commission chasse de l'Assemblée nationale.

9 heures. Je regarde le courrier. Tiens ! Une lettre du général Sucrelèfrez adressée à tous les chefs d'établissement ! Le Tartuffe y souligne l'importance du travail en « étroite concertation » et se félicite du « dialogue constructif » qui existe entre les élus départementaux et les principaux de ses collèges.

Deux mois plus tard, le colonel en personne m'écrit pour m'inviter à une « réunion de travail » sur les modalités de fermeture du collège...

Maintenant que la charrue est mise, on appelle les bœufs !

◗ Je me fais taper sur les doigts par le colonel Jèplindepez, car je n'ai pas effectué l'entretien professionnel d'un agent, entretien d'une heure au cours duquel on doit évoquer ses perspectives de carrière, sa mobilité future et ses besoins de formation.

Il part à la retraite dans un mois.

◗ Midi. Je rentre dans mon logement de fonction. Le portillon du jardinet est grand ouvert. Je vois le colonel Lemèquaitalez dans mes plates-bandes, en train de prendre des mesures. Partout en terrain conquis, il a « oublié » de m'informer de son intrusion.

◗ Fin juin. Le conseil départemental fait livrer des ordinateurs à tous les collèges. Les installateurs ont pour consigne de les mettre dans des salles précises et d'enlever des PC dans d'autres. Les professeurs n'ont pas été consultés, bien sûr : en quoi sont-ils concernés ? Je me poste devant la porte et annonce aux pauvres soldats, d'une part que je vais m'opposer physiquement au déplacement des bécanes, d'autre part que je veux un écrit du colonel Bossédiss-Épayétrez attestant que le conseil départemental préfère jeter des vieux coucous plutôt que de nous les laisser. Vu ma carrure, ça les fait beaucoup rire, mais le résultat est là : à défaut de joindre la responsable de cette opération – elle est en vacances –, ils appellent leur sous-officier, le sergent Chocomelabrez. Qui hisse le drapeau blanc.

Les enseignants pourront continuer à travailler comme ils le souhaitent.

➧ La porte de l'issue de secours du self de notre collège est cassée. Je la fais condamner et préviens le colonel Entreparentez. Trois mois et demi plus tard… rien.

J'écris au général de Jésus Sucrelèfrez :

> « Si la porte n'est pas remise en état dans deux semaines, j'appelle la commission de sécurité pour envisager la fermeture de notre self. »

Le surlendemain, la porte est réparée.

➧ Un collègue proviseur a pris sa retraite dès qu'il a pu, en avril. Plutôt que de terminer l'année scolaire dans son lycée, il a préféré signer un CDI au conseil régional en tant que « chargé de mission ».

Comme quoi l'Éducation nationale mène à tout, à condition d'en sortir… et d'avoir des relations politiques !

➧ Ce soir, comme quelques habitants privilégiés de ma ville, je suis invité à déguster des petits fours et à boire du champagne aux frais du contribuable.

En effet, le maire-conseiller départemental inaugure en grandes pompes... les vestiaires du gymnase.

Suspense : va-t-il couper le ruban dans les toilettes des filles ou dans celles des garçons ?

◗ Comme tous les collèges, nous utilisons les infrastructures municipales pour l'éducation physique et sportive. Chaque année, le conseil départemental nous attribue une subvention afin de payer la location du gymnase et du stade à la commune propriétaire des installations.

Les mairies sont libres de réclamer ou non ce loyer. Un collège, s'il est situé sur une commune généreuse, a ainsi la possibilité de mettre un peu de beurre dans ses épinards en conservant l'allocation départementale pour l'utiliser à des fins pédagogiques. Hélas pour nous, le service comptabilité de notre ville relève les compteurs scrupuleusement chaque trimestre.

J'apprends cependant que notre maire accorde une réduction de 20 % au collège privé. J'écris à l'édile pour obtenir une égalité de traitement. Refus. Je réitère fermement ma demande. Trois possibilités pour l'échevin : céder, nous envoyer un huissier pour recouvrer les sommes, ou interdire l'accès de nos élèves au gymnase et au stade. Politiquement, et même si cela va à l'encontre de ses profondes convictions, il ne peut que lâcher prise. Nous obtenons donc 20 % de réduction, ce qui apporte un ballon d'oxygène à nos finances.

Yes ! On va pouvoir profiter du Black Friday !

◗ J'ai moins de chance avec le maire de la commune voisine, elle aussi pourvoyeuse d'élèves : il verse une subvention au collège privé qui organise un voyage scolaire, mais refuse de nous en verser une, à nous qui préparons... un voyage scolaire.

L'élu est un animal hybride mi-cigale, mi-fourmi !

◗ Lucas, élève en sixième SEGPA[3], commence à faire les quatre cents coups dans la commune. La responsable du dispositif municipal d'aide périscolaire aux élèves, éminente psychiatre de comptoir, sait pourquoi : Lucas devrait plutôt être en sixième « normale ». Elle encourage donc la maman à formuler une demande en ce sens à l'Éducation nationale. La directrice de la SEGPA et la psychologue scolaire, qui avaient difficilement réussi à convaincre la mère d'accepter l'orientation proposée, sont un peu agacées, doux euphémisme.

Lucas intégrera donc une cinquième « normale » à la rentrée prochaine... et se déscolarisera rapidement. Il sombrera bientôt dans la délinquance.

Salut l'artiste !

3. Section d'enseignement général et professionnel adapté, structure destinée aux élèves qui rencontrent de grosses difficultés scolaires.

QUAND LA PETITE POLITIQUE ~~S'EMMÊLE~~ S'EN MÊLE

Le petit homme politique est ainsi fait qu'il (ab)use de son petit pouvoir de petit roitelet. Pour faire passer ses intérêts personnels en premier, bien sûr, mais aussi pour asseoir son autorité sur ses obligés en les nommant à des postes enviés. L'Éducation nationale n'échappe pas à la règle. Combien de ses cadres ne sont en fonction que parce qu'ils ont rendu des « services » à des élus ? Ainsi, par exemple, le proviseur d'un lycée parisien qui était d'une rare incompétence mais qui tutoyait le maire de l'époque…

Le fonctionnement général de l'École de la République s'en ressent, évidemment.

◗ Constat amer : l'exemple – façon de parler – vient de tout en haut. À l'approche des élections, le ministre a senti que ça allait craindre le pâté pour lui, comme on dit par chez moi. Avant de ficeler ses cartons, il a voulu remercier plusieurs de ses proches collaborateurs en les recasant. Mais quelle chute lucrative trouver pour ces fidèles soutiens, bien braves mais sans compétences particulières ? Le pensionnaire de la rue de Grenelle a alors eu l'idée géniale de les bombarder IPR.

Hélas, inspecter un professeur de mathématiques lorsque l'on n'a qu'une licence en arts du spectacle, c'est un peu délicat... On leur a donc attribué la spécialité « établissement vie scolaire ». Ainsi, les nouveaux promus n'auront à évaluer que des professeurs documentalistes, des CPE et des chefs d'établissement. Principal avantage : on peut formuler à ces personnels négligeables n'importe quel conseil fumeux sans avoir de connaissance disciplinaire particulière...

Paie d'un cadre sup, liberté totale, stress inexistant : la place, à défaut d'être utile à notre Institution, est sacrément bonne. On dit merci qui ?

▶ Philibert, un collègue principal, me donne un complexe d'infériorité : à la réunion de rentrée présidée par notre recteur, il est descendu d'une voiture avec chauffeur ! Ne vous y méprenez pas, un salaire de chef d'établissement n'autorise pas ce train de vie. Philibert exerce tout simplement une petite activité annexe : à ses heures perdues, il est président d'une région française. Dans la mesure où je n'ose imaginer une seconde que Philibert ne fasse pas son travail de principal à plein temps, j'en déduis qu'il pratique ses activités d'élu du peuple en loisir, un peu comme moi je nourris mes poissons rouges.

Je résume donc la situation :

1) Philibert, président de région, traite d'égal à égal avec le recteur. Ce dernier, s'il ne veut pas sauter, doit entretenir de bons rapports avec lui.

2) Le recteur est le supérieur hiérarchique de Philibert, principal. Lequel n'applique les consignes de son chef que lorsque ça lui chante.

Peinard, le cumulard !

◗ Laurent Karté est un mauvais professeur mais un excellent militant de son parti. Il y a quelques années, il avait été élu conseiller départemental. Hélas, une déculottée électorale plus tard, il s'est retrouvé sans mandat, obligé de reprendre ses cours, ses préparations et ses corrections...

Je plaisante ! On lui a trouvé une place de « chargé de mission[1] » au rectorat. Mais l'attrait du pouvoir était trop fort et Laurent Karté déprimait... Peut-être grâce à l'intermédiaire de Philibert, le militant a repris goût à la vie : notre ministre l'a bombardé inspecteur.

Après la « promotion canapé », la « promotion politique » !

◗ Sur les 160 inspecteurs généraux que compte notre pays, certains sont recrutés au « tour extérieur ». C'est-à-dire que vous pouvez ne rien connaître au fonctionnement de notre Institution mais obtenir quand même cette sinécure, pour peu que vous ayez un copain ministre qui vous recase. Lorsque vous avez perdu une élection au parlement, par exemple. Et ce quelle que soit votre capacité intellectuelle à comprendre les rouages de l'Éducation nationale. La Cour des comptes ayant dénoncé ces nominations dignes d'une république bananière, elles ont enfin cessé...

Mais non, je blague ! Bien sûr qu'elles continuent de plus belle !

◗ Cette générosité politicienne n'est pas toujours appréciée – doux euphémisme – par les hauts fonctionnaires bardés de diplômes qui, eux, ont cravaché dur pour réussir leurs concours. Les directives qu'ils sont chargés d'appliquer ne font d'ailleurs pas non plus l'unanimité parmi eux.

1. À l'Éducation nationale, un chargé de mission est un enseignant qui fait baisser le ratio élèves/professeurs tout en faisant augmenter le nombre d'élèves par classe.

Ainsi, lors d'une réunion officielle, un inspecteur – soumis au devoir de réserve – s'est lâché devant une cinquantaine de professeurs :

> « Si vous voulez vous exprimer au sujet de cette réforme, il y a bientôt des élections et vous avez un bulletin de vote ! »

LA DÉMAGOGIE

À l'Éducation nationale, il y a belle lurette que le « paraître » compte plus que l'« être ». Que l'unique remède apporté à tous ses maux est la poudre de perlimpinpin. Les ministres qui se succèdent accordent plus d'attention à la trace qu'ils vont laisser dans l'Histoire grâce à – à cause de ? – leur réforme qu'à l'efficacité concrète des mesures prises. Effets d'annonce et décisions démagogiques rythment notre quotidien.

Alors que tous les indicateurs officieux sont au rouge, les pédagogistes qui parlent à l'oreille du grand patron nous enfument en débattant sur tel ou tel sujet mineur, à mille lieues des multiples problèmes éducatifs que l'on rencontre chaque jour sur le terrain. Ces démagogues lancent des projets nébuleux plutôt que de se concentrer sur les missions éducatives de base. On commande des rapports à des inspecteurs généraux, rapports qui ne seront rendus publics que s'ils valident la politique engagée. Il n'y a aucune remise en cause.

Vu ce qu'ils savent, il est impossible que les pontes de notre Institution croient à ce qu'ils prônent. Pourquoi donc continuent-ils de prendre le *vulgum pecus* pour un idiot en lui racontant n'importe quoi ? Un intellectuel ne se doit-il pas d'être honnête et humaniste ? Derniers exemples en date : le « plan de continuité pédagogique », les « vacances apprenantes », les « stages de remise à niveau » et autres « dispositifs d'accompagnement personnalisé » qui, d'un coup de baguette magique, auraient miraculeusement comblé toutes les lacunes accumulées par les élèves décrocheurs durant le confinement lié au coronavirus...

▸ Titi et Toto, dans la même classe, sont issus d'un milieu défavorisé. Comme Titi donne son maximum au collège, il a les encouragements sur son bulletin trimestriel. Comme Toto n'en fiche pas une et insulte ses professeurs, il intègre durant trois semaines un atelier relais, dispositif d'aide et de soutien n° 9478 *ter* de l'Éducation nationale. Là, il y pratique, entre autres activités, l'équitation. Titi, lui, ne pratique que la *street walk,* car ses parents n'ont pas les moyens de lui payer des leçons de poney.

Bien fait pour lui.

▸ Une jeune professeure craque dans mon bureau. Ses élèves sont infernaux. Pleurant toutes les larmes de son corps, elle me fait part de son incompréhension :

> « J'ai suivi les conseils de mon formateur à l'INSPE en mettant de la musique classique pour les calmer. Ils m'ont traitée de bouffonne et m'ont dit que la seule musique qu'ils écoutaient, c'était du rap ! »

Comment ? Des pédagogistes hors-sol qui donnent des conseils inefficaces ? Ça se saurait !

◗ Notre collège a été tiré au sort : nos élèves devront répondre à une « étude comparative internationale ». Peut-être certains crânes d'œuf du ministère pensent-ils qu'on peut substituer la méthode éducative du Vanuatu à la nôtre... Mais bon. Là n'est pas le sujet... Bref, je suis convoqué au rectorat pour une réunion préparatoire à ce test mondial grandeur nature. J'angoisse : pourvu que notre pays ne soit pas montré du doigt par la planète entière à cause des cancres de mon établissement ! Heureusement, le secrétaire général me rassure :

> « Ne vous en faites pas. En haut lieu, on s'est arrangé pour que les questions ne déconsidèrent pas la France. »

Ouf !

◗ Demi-journée de formation à destination des personnels de direction. Chiffres à l'appui, nos formateurs – des enseignants-chercheurs – nous prouvent que, je cite :

> « Le collège unique est un leurre ou un mythe ! »

Pourtant, notre hiérarchie nous incite fortement à emmener *tous* nos élèves jusqu'en fin de troisième...

Ces mêmes chercheurs affirment également que, je cite toujours :

> « La présence des parents au collège est une erreur ! »

Pourtant, je viens de lire le dernier rapport d'un inspecteur général :

> « Il est essentiel, dans le propre intérêt des élèves, que les parents jouent un rôle actif au collège. »

J'hésite autant que l'âne de Buridan... Qui croire ?

◗ Avancée extraordinaire pour la réussite de notre système éducatif : le ministre a décidé la création d'une instance consultative dans chaque lycée, le « conseil de vie lycéenne ». Les élèves délégués au CVL, élus par leurs pairs, élisent à leur tour des délégués académiques, lesquels élisent à leur tour des délégués qui siègent au CVL national, lesquels n'élisent personne mais ont le privilège, dès que la Cocotte-Minute commence à chauffer, d'être reçus sous les lambris dorés du ministère.

Ce matin, je surveille l'entrée de mon collège. Je m'approche de quelques jeunes au look SDF qui, à ma vue, s'éloignent innocemment. Après enquête auprès de nos élèves, il s'avère que ces désœuvrés sont des délégués du CVL du lycée voisin. Comme en ce moment il y a grève et blocus – leurs conditions de travail, c'est pire que dans *Germinal* –, ces délégués rackettent nos collégiens afin de se payer des bouteilles de vodka.

Par curiosité, je vais ensuite faire un tour du côté de l'établissement assiégé afin d'étudier le biotope des lycéens-bébés-manifestants qui éructent des slogans dont, par ailleurs, je ne suis pas certain qu'ils comprennent la signification exacte. Je l'aurais parié : tous nos anciens élèves qui sont passés en seconde générale malgré l'avis défavorable des professeurs font partie des bloqueurs. À défaut d'avoir le niveau intellectuel pour s'exprimer à l'intérieur du lycée…

Youpi, c'est la fête des fous !

◗ J'encadre un stage interne à l'Éducation nationale. Le dernier jour, il me faut récupérer les avis des stagiaires sur leur formation puis en faire une synthèse que je dois remettre à ma hiérarchie, laquelle évaluera ensuite la pertinence de ce séminaire.

Résultat de ma conclusion personnelle : tout est parfait, je suis un excellent formateur !

◗ Un inspecteur général chargé de faire un audit sur le fonctionnement des collèges de notre pays nous rend visite. Je lui parle en toute sincérité de ce qui, à mon humble avis, nuit au bon fonctionnement du système. Puis lui demande ce qu'il adviendra de son rapport. Réponse tout aussi franche du haut fonctionnaire :

> « Oh ! Si ça ne plaît pas au ministre, il servira, comme d'habitude, à caler une armoire ! »

◗ Fin mai. Les enseignants se réunissent par équipes pédagogiques pour compléter le « livret personnel de compétences » de chaque élève. Ils débattent pour cocher des centaines d'items. Le lendemain, un professeur principal pragmatique m'avouera :

> « Partant du principe que ça ne sert à rien, j'ai validé toute la classe automatiquement. Ça nous a évité de compléter chaque item un par un et on a pu rentrer chez nous plus tôt pour corriger nos copies ! »

Tous les élèves de sa division ayant tout réussi, personne – ni les parents, ni la hiérarchie – ne trouvera à redire à cette évaluation express…

◗ Juin. Je préside une des commissions d'appel pour les troisièmes, instance chargée de décider en dernier ressort si un élève doit redoubler ou pas. Consignes de la hiérarchie : *grosso modo*, en faire passer la moitié au lycée. Bilan final : mes 10 pires dossiers – entre 8 et 9 de moyenne – sont recalés.

Mon collègue, dans la pièce voisine, est tombé sur des élèves très, très mauvais. Son bilan final : ses 10 meilleurs dossiers – entre 8 et 9 de moyenne – sont acceptés.

Cette anecdote était sponsorisée par La Française des jeux...

◗ Un collègue principal, à qui la hiérarchie avait demandé de davantage impliquer les parents d'élèves dans les élections de leurs représentants, a investi plusieurs centaines d'euros – autant d'argent en moins pour la pédagogie – dans des enveloppes T pour les réponses des géniteurs, dans des SMS de rappel et même dans des friandises pour les élèves qui rapportaient un bulletin de vote. Bingo : 5 % de votants supplémentaires...

C'est qu'il faut casser le noyau pour avoir l'amande !

◗ Finalement, les missions des chefs d'établissement sont assez basiques. Au cours d'une réunion, notre inspecteur d'académie nous en fait la synthèse :

> « Vous êtes là pour calmer le jeu et appliquer les réformes ! »

◗ Le roi n'est pas le cousin de notre chef, tout fier de nous annoncer qu'il est allé au ministère. Il nous transmet les consignes de Dieu le Père :

> « Le ministre souhaite que nos chiffres valident sa politique. »

Au moins, les choses ont le mérite d'être claires !

◗ Réunion des chefs d'établissement. Notre recteur confirme ce que notre ministre persiste pourtant à nier dans les médias, à savoir que les futurs étudiants en STAPS[1] sont bel et bien inscrits par tirage au sort. Le haut fonctionnaire va même plus loin en contredisant ouvertement le discours officiel : il est ridicule d'envoyer dans cette filière des élèves titulaires d'un baccalauréat professionnel, car – *sic* – « c'est voué à l'échec ».

Encore un haut fonctionnaire de l'Éducation nationale schizophrène !

◗ Année N - 1 : le recteur nous félicite, car le pourcentage d'orientation en seconde générale a augmenté. Petit bémol : le pourcentage d'orientation en voie professionnelle a diminué.

Année N : le même recteur nous félicite, car le pourcentage d'orientation en seconde professionnelle a augmenté. Petit bémol : le pourcentage d'orientation en voie générale a diminué.

En fait, l'idéal serait que nous puissions avoir 90 % d'orientation en seconde générale *et* 90 % d'orientation en seconde professionnelle...

Je fais entière confiance au service statistiques du rectorat pour y parvenir !

◗ Depuis deux ans, un collègue ami me parle d'un certain Younes, délinquant notoire, qui pourrit la vie de son collège. Sa 2 783e bêtise est celle en trop : le perturbateur est exclu. L'inspection académique me demande de l'accueillir dans mon établissement et « vend » son client :

> « Younes est redoublant mais a de réelles capacités. Il est actuellement pris en charge par un

1. Sciences et techniques des activités physiques et sportives (études qui débouchent, entre autres, sur le professorat d'EPS).

> dispositif d'aide, où il est perçu comme un leader positif. Younes sera accompagné au niveau de sa (re)scolarisation par ce dispositif pour que cela se passe positivement. »

Là-haut, ils me prennent vraiment pour un lapin de six semaines !

◗ Il faut être bienveillant. Soit. Ne pas traumatiser les petits chéris. Dont acte.

Mais pourquoi nos élèves, abreuvés d'émissions de télé dans lesquelles on sélectionne et on élimine à tout va, seraient-ils choqués d'entendre la vérité sur leur niveau réel ? N'est-ce pas les mépriser que de leur mentir ?

◗ Une petite réflexion pour clore ce chapitre : n'y aurait-il pas un léger rapport entre le manque actuel de vocations enseignantes et la démagogie ambiante à l'Éducation nationale ?

L'ABSENTÉISME

Logique de cette démagogie ambiante : on nous demande d'appliquer une bienveillance systématique envers les parents démissionnaires qui laissent leurs rejetons sécher les cours comme bon leur semble.

Que risquent les géniteurs qui partent en vacances avec leurs petits dès la fin mai et/ou en reviennent un mois après la rentrée ? Autant que ceux qui « oublient » de les scolariser le reste de l'année : strictement rien ! Le collège rédige un rapport à l'inspection académique, laquelle brasse un peu d'air. Au bout de quelques mois, si le chef d'établissement a la pugnacité de continuer à lui écrire régulièrement, *elle* dégaine l'artillerie lourde : une lettre sous-entendant qu'éventuellement, dans le pire des cas, il se pourrait que, si la situation perdurait, il y aurait peut-être un premier courrier aux services sociaux départementaux. Précision : les vacances interrompent le processus. Je ne parle même pas des parents qui autorisent leurs fils à sécher tous les vendredis pour cause de prière. Ni de ceux qui déménagent dès que ça chauffe pour eux : à l'ère de l'informatique, changer de département équivaut pour un élève à s'exiler en Papouasie-Nouvelle-Guinée... On perd sa trace...

Pourquoi ces géniteurs se gêneraient-ils ? J'ai connu un inspecteur d'académie qui se vantait publiquement de refuser d'aller jusqu'à cette pseudo-menace de signalement !

◗ Un… deux… trois… quatre… cinq… six… sept ! En sept mois, j'ai envoyé sept relevés des absences de Jason à ma hiérarchie. Pour rien, évidemment. Enfin, pas complètement : l'inspection académique a adressé à la famille des missives à faire trembler de peur un lion face à une gazelle nouveau-née. Résumé de ces sept plis comminatoires :

Décembre : « Hep, madame, monsieur, vous n'auriez pas oublié d'envoyer votre enfant au collège ce trimestre, par hasard ? »

Janvier : « Coucou madame, monsieur, avez-vous reçu notre message du mois dernier ? »

Février : « Bon. On vous propose d'en parler tranquillement le 12 du mois prochain. »

Mars : « Nous sommes désolés, la date ne vous convenait visiblement pas, puisque vous n'êtes pas venus. On remet ça à quand ? »

Avril : « S'il vous plaît, soyez cool, répondez-nous ! »

Mai : « On vous prévient : on vous aura prévenus ! »

Juin : « Vous êtes décidément de sacrés petits coquins ! Allez, on reprend contact après les grandes vacances, OK ? »

Allô, Papa Tango Charlie…

◗ Pour Bilal, j'aurai transmis 12 épîtres mensuelles – 8 l'année scolaire dernière et 4 cette année – à ma hiérarchie. Efficacité : zéro. Désormais, Bilal a 16 ans. Il n'est donc plus obligé d'aller au collège. Problème réglé.

J'ai encore travaillé pour le roi de Prusse.

◗ Il y a quelques années, j'ai informé l'inspection académique de l'absentéisme récurrent d'une élève que je soupçonnais de se prostituer. Trois mois plus tard... Rien. J'ai alors alerté le maire adjoint délégué à l'Éducation de la commune. Le surlendemain, la collégienne était de retour dans l'établissement. Miracle ? Sûrement pas. L'argument de l'édile municipal qui a convaincu la famille était tout simplement un peu plus percutant que celui de l'Éducation nationale :

> « Si la situation perdure, la mairie ne vous aidera plus financièrement. »

Comme quoi, changer de note produit son effet !

◗ Dilemme : dois-je ou non avertir ma hiérarchie des multiples absences d'un élève, vu le calme qui règne désormais dans sa classe ?

Question existentielle inutile : de toute façon, le résultat sera le même.

◗ Cela fait six mois que j'ai alerté l'inspection académique sur le cas de Tanguy, « sécheur » professionnel. J'appelle pour avoir des nouvelles. Verbatim :

> « Je suis désolée, monsieur Romain, nous sommes débordées par les signalements et on a déjà beaucoup de travail. Du coup, on a tout refilé à une stagiaire et c'est un peu le bazar. On n'arrive pas à combler notre retard. »

J'ai pitié de la pauvre secrétaire : désormais, je ne la solliciterai plus.

◗ Réunion des chefs d'établissement. Notre inspecteur d'académie, un peu las, nous avoue que, sur les centaines de signalements pour absentéisme que nous lui avons remontés l'année dernière, il a convoqué quelques dizaines de parents et transmis deux dossiers au procureur de la République avec, je cite, « une efficience toute relative ».

Traduire : « un classement sans suite ».

Bref, degré d'atteinte de l'objectif « assiduité scolaire » : 0 %.

LES AIDES FINANCIÈRES

Soutenir financièrement un jeune déshérité afin qu'il puisse poursuivre des études sans souci d'argent. Belle idée républicaine qui bénéficie chaque année à de nombreux élèves sérieux et motivés.

Sauf que. Lorsque l'on sait que la période de versement de l'allocation de rentrée scolaire est aussi l'une des meilleures pour les vendeurs d'électronique et d'informatique, lorsque l'on constate que des parents bénéficiaires de cette aide n'ont acheté aucune fourniture scolaire à leur enfant, on peut se poser des questions – en fait non, on connaît les réponses – quant à l'utilisation de cet argent, a priori destiné à mettre le collégien dans de bonnes dispositions matérielles.

Les bourses, comme les indemnités de nos élus, ne dépendent aucunement de l'assiduité. Ainsi, si l'on calcule le ratio présence au collège/montant versé, certains élèves absentéistes rapportent plusieurs dizaines d'euros par jour de scolarisation à leurs parents !

Par ailleurs, des milliers de familles qui bénéficient de cette manne financière crachent sur notre système éducatif et ses représentants, les professeurs. À moyens constants, ne serait-il pas préférable pour notre pays de diminuer, voire de supprimer, les aides pour ceux qui ne pensent qu'à lui nuire afin de prendre totalement en charge les élèves nécessiteux qui s'impliquent dans leurs études et qui sont motivés, eux, pour se rendre utiles à notre société ?

Cerise sur le gâteau, ces aides financières sont distribuées aveuglément, à ceux qui en ont réellement besoin comme à ceux qui sont malhonnêtes. Chacun le sait, mais personne ne contrôle.

Enfin, l'État nous pousse à déresponsabiliser les élèves et leurs parents. Il est par exemple interdit de demander une caution aux familles pour le prêt des manuels scolaires. Résultat : chaque fin d'année, des collégiens nous les rendent en charpie, les « perdent » ou les gardent. À 20 euros le livre, multipliés par le nombre d'établissements, je vous laisse calculer ce que cela coûte aux contribuables…

◗ Rentrée de septembre. Plusieurs dizaines d'élèves retrouvent miraculeusement les manuels scolaires qu'ils avaient « perdus » en juin dernier. Il faut dire que nous avons décidé de ne pas leur en distribuer de nouveaux tant qu'ils n'auront pas rendu – ou remboursé – ceux que nous leur avions prêtés l'année dernière.

Pragmatique, efficace… donc interdit.

◗ Rentrée de septembre, toujours. Une vingtaine de parents règlent intégralement leurs factures de self de l'année scolaire dernière. Il faut dire que nous avons décidé que les demi-pensionnaires dont les géniteurs mauvais payeurs n'ont pas signalé de situation délicate seront obligatoirement externes.

Pragmatique, efficace… donc interdit.

◗ Depuis la rentrée, la secrétaire de notre collège n'est pas à prendre avec des pincettes. La raison ? Elle s'occupe des demandes de bourses. La pauvre a une sacrée pression, car elle sait que notre hiérarchie donnera toujours raison au parent de mauvaise foi qui prétextera un manque d'information de notre part si tout n'est pas complété correctement. C'est la raison pour laquelle elle passe des heures au téléphone à supplier les familles d'apporter une pièce manquante ou de venir signer un papier. *De facto*, chaque jour, ma collaboratrice voit défiler dans son bureau des gens qui mentent sur l'honneur. Certains tricheurs obtiendront une aide financière importante alors qu'ils roulent dans une plus grosse voiture que celle de notre ministre. Bien sûr, ils ne paieront pas les frais de demi-pension de leurs enfants et ne leur achèteront aucune fourniture scolaire, sachant que nous prendrons tout en charge.

Dans 8 cas sur 10, le montant des diverses allocations des parents est supérieur au salaire de ma collaboratrice. Cela la rend de mauvaise humeur, elle qui met un point d'honneur à se débrouiller seule dans la vie.

Bien que loin d'être une dinde, elle a comme l'impression d'être le dindon de la farce…

◗ Moi qui touche un salaire correct, j'avoue avoir aussi été quelque peu agacé de découvrir qu'un parent gagnant plus que moi grâce à diverses aides financières ne payait pas d'impôts et avait obtenu une bourse pour son enfant.

La jalousie est un mal incurable…

◗ Je lis un dossier de demande de bourse. Revenus du père : 0 euro. Revenus de la mère : 0 euro. Tous deux restent donc à la maison. Frais de garde pour jeunes enfants : 1 154 euros… somme que l'État leur verse. Ma logique est mise à mal. J'appelle le service des impôts. Mon interlocutrice est fataliste :

« Oh ! Ils ont dû faire une fausse déclaration ! »

Une bourse sera évidemment accordée à ces demandeurs sans scrupule.

Tant qu'on gagne, on joue !

◗ Dans le collège que je dirigeais, jusqu'à l'année dernière, nous exigions une participation symbolique de tous les demi-pensionnaires que nous soutenons financièrement. Une collègue principale, elle, a fait le choix de prendre les factures entièrement en charge dès le premier retard de paiement, via les fonds sociaux de son établissement. À bon vin, pas d'enseigne : « ses » familles se sont donné le mot. Désormais, nombreuses sont celles qui, bien que solvables, ne règlent plus la cantine… Pour me récompenser de la rigueur avec laquelle je gérais le budget que l'État nous alloue, notre subvention a diminué. Celle de ma collègue et néanmoins amie a augmenté afin de remplir son tonneau des Danaïdes.

En mécanique des fluides, on appelle ça le principe des vases communicants.

◗ J'ai donc changé de méthode. Et je ne suis pas peu fier d'avoir un satisfecit de l'agent comptable pour ma « très saine gestion du collège », notamment « des taux d'impayés à la demi-pension particulièrement faibles ». Je vous dévoile mon petit truc : désormais, lorsqu'un parent ne règle pas… nous payons à sa place.

Nos fonds sociaux servent maintenant à cautionner les débiteurs de mauvaise foi plutôt qu'à aider nos familles en réelle difficulté financière.

Ne t'aide pas, le ciel t'aidera quand même !

◗ Bien naïfs sont les parents qui continuent à régler intégralement leurs factures. Vu que les – coûteuses – interventions d'huissier sont totalement inefficaces, nous ne poursuivons en effet plus personne pour des sommes modestes !

Les petits ruisseaux font les grandes rivières...

◗ Pour équilibrer leur budget, les collèges sont obligés de diminuer la qualité de la pitance servie aux demi-pensionnaires. Chez nous, par exemple, côté recette journalière, nous avons 550 repas à 3 euros payés par les parents, ce qui fait 1 650 euros. Côté dépense journalière, nous avons la nourriture de 600 repas à régler – les 550 repas payés + les 50 de ceux qui « oublient » d'honorer leur facture. 550 familles dépensent donc 3 euros chacune pour que leur enfant ait 1 650/600 = 2,75 euros de nourriture dans son assiette. CQFD.

Miam ! Miam !

◗ Vendredi : un élève s'entaille l'arcade sourcilière. J'hésite : points de suture ou pas ? Impossible de joindre la maman... Le collégien rentre chez lui.

Lundi : l'ado revient – finalement, ce n'était rien –, accompagné de sa mère. Cette dernière me demande pourquoi je n'ai pas appelé les secours. Je lui explique que, vu le caractère bénin de la blessure, son fils aurait été emmené à l'hôpital par une ambulance privée, et que cela lui aurait coûté cher. Elle est désolée que je me sois fait du souci pour ses finances alors que ça n'avait pas lieu d'être :

> « Mais c'est pas grave, monsieur Romain ! J'ai la CMU ! »

◗ Réunion des fonds sociaux, commission interne chargée d'attribuer des aides financières aux parents d'élèves qui en ont exprimé la demande. Sur les 17 dossiers étudiés, 10 concernent des collégiens qui ont fait l'objet d'une sanction disciplinaire depuis septembre.

C'est la reconnaissance du ventre…

◗ Alassane, 13 ans et toutes ses dents – pas comme le « camarade » qu'il a frappé –, est l'aîné d'une fratrie d'une quinzaine d'enfants. Comme la polygamie est interdite dans notre pays et que son père n'est pas inquiété par la justice française, j'en déduis que ce dernier a adopté de nombreux enfants.

Et c'est sans doute pour le remercier de sa générosité que l'Éducation nationale lui verse une bourse conséquente.

◗ Petite question à 1 euro. Qui est le plus gêné : notre gestionnaire qui téléphone à un parent pour lui réclamer l'argent de la demi-pension dû depuis trois mois ou le père qui, en guise de réponse, la traite de tous les noms ?

Indice : il faut vivre avec son temps !

◗ Une maman proteste : ses revenus ne lui donnent pas droit à une bourse pour sa fille alors qu'elle en touche une pour son fils, scolarisé dans un autre collège. Vérification faite, il s'avère que mon collègue principal a modifié à la baisse le revenu fiscal de référence de la génitrice dans le logiciel…

Achat de paix sociale ? Popularité à bon compte ? Paiement en nature ? Je l'ignore…

LES CERTIFICATS DE COMPLAISANCE

Primum non nocere, « premièrement, ne pas nuire » : telle est la devise du médecin. À ses patients, cela semble une évidence. Mais qu'en est-il de l'Éducation nationale ?

Je ne connais pas les raisons profondes qui poussent certains praticiens à s'opposer à l'Institution en écrivant tout et n'importe quoi sur leurs papiers à en-tête du caducée. Comptes à régler avec leurs anciens professeurs ? Désir d'accroître facilement leur clientèle via le bouche-à-oreille ?

Comme personne n'ose remettre en cause leur avis, ils continuent à cautionner de la bobologie, même imaginaire. Ainsi, grâce à eux, l'élève comprend que, plus tard, dans sa vie professionnelle, il pourra être médicalement exempté de travail pour cause de départ en week-end avancé, de religion ou d'allergie à l'effort.

▶ 2 septembre. Une élève me tend deux certificats médicaux :

> «Je soussigné, Dr Dupont, chirurgien des hôpitaux, spécialiste de biologie et médecine du sport, certifie que l'état de santé de l'enfant Karine Durand contre-indique la pratique de l'EPS pour l'année scolaire. Elle devra rester dans l'établissement sans aller sur le terrain de sport.»
>
> «Je soussigné, Dr Dupont, chirurgien des hôpitaux, spécialiste de biologie et médecine du sport, certifie que l'état de santé de l'enfant Karine Durand contre-indique la montée et la descente des escaliers. Il serait donc souhaitable qu'elle puisse utiliser l'ascenseur de son collège.»

Karine a subi une mini-intervention chirurgicale au coude en avril dernier.

▶ 15 octobre. Un élève dont la classe part en séjour à la neige en février apporte deux certificats médicaux au collège.

> «Youssef est inapte à la pratique de l'éducation physique et sportive, et ce jusqu'au 30 juin.»
>
> «Je ne constate pas, à ce jour, de signe clinique apparent contre-indiquant la pratique du ski alpin, à l'entraînement et en compétition.»

Grâce à ce médecin, je sais désormais que le ski n'est pas un sport.

▶ 27 mars. Inès revient au collège après trois semaines de maladie. Nous lui réclamons des comptes. Elle n'a aucun justificatif.

28 mars. Inès qui, à la suite de nos remarques, est allée chez son médecin la veille au soir, apporte un certificat

médical. Sur le papier officiel, le thérapeute atteste qu'Inès était bien malade durant les trois semaines précédentes.

L'ordre des médecins, contacté, pratique la silenciothérapie.

◗ Cela fait deux semaines qu'un professeur appelle le collège chaque matin afin de prévenir de son absence pour la journée, car il « ne se sent pas bien ». Aujourd'hui, il revient travailler. Sa première action : demander à la secrétaire la date de son premier coup de téléphone, afin que son médecin puisse lui fournir un certificat postdaté correspondant à la durée exacte de son absence.

Absence qui, dès le lendemain, sera intégralement validée par le praticien.

◗ Un enseignant, apprenant qu'il est nommé à 15 kilomètres de chez lui, prend aussitôt rendez-vous chez le médecin de l'Éducation nationale. Lequel, compréhensif, atteste par écrit que, décidément, un quart d'heure de voiture, ça fait trop.

Parole de praticien = parole d'évangile : notre grand malade officie désormais à 500 mètres de son domicile...

◗ J'ai de gros doutes sur les capacités psychologiques d'un professeur à être au contact d'adolescents. J'adresse donc un courrier confidentiel au médecin de l'Éducation nationale en lui listant tous les problèmes que la lourde pathologie de cet enseignant nous cause.

Le pédagogue est convoqué par le praticien. Pour lui trouver un emploi adapté ? Pas du tout ! Pour lui lire ma lettre !

Sitôt sorti de la consultation, le dérangé du cerveau me réclamera des comptes et je devrai ramer, ramer, ramer...

LES RÉUNIONS FRUCTUEUSES ET INDISPENSABLES

Nous, chefs d'établissement, sommes régulièrement invités à des réunions organisées et animées par des gens dont c'est le métier. Ces derniers, une fois la séance terminée, retournent tranquillement chez eux avec le sentiment du devoir accompli... et quelques picaillons supplémentaires en poche.

Pour nous, ce n'est pas la même limonade : nous regagnons nos collèges respectifs où nous devons rattraper le travail qui s'est accumulé tandis que nous assistions aux laïus interminables. Nous avons alors une pensée affectueuse pour les intervenants qui, au mieux, nous ont fait perdre notre temps, au pire, nous ont appris notre métier et/ou donné une énième étude à compléter.

▶ Thème de la réunion du jour : « Comment faire en sorte que chaque élève de troisième qui doit effectuer son stage d'observation puisse trouver une entreprise ? »

Divers fonctionnaires d'État – enseignants, principaux, chefs de service de l'inspection académique et du rectorat – et territoriaux – de la mairie, du conseil départemental, du conseil régional – parlent « système d'indicateurs partagés », « identification des typologies d'élèves », « repérages de données », etc. Au bout de trois heures de réflexion collective, la responsable du brainstorming trouve *la* solution :

> « Il faut travailler en étroite collaboration avec les équipes éducatives, les jeunes et les familles. De plus, il faut ouvrir au-delà du quartier. »

Non ! ? Sans blague ! ?

Conclusion de ce – *sic* – séminaire de travail :

> « Je crois que nous avons bien avancé. Merci d'être venus. Je vous recontacterai pour une prochaine séance... »

Malheureusement et étonnamment, cette réunion sur les stages en entreprise s'est déroulée sans représentants... d'entreprise. Lesquels, n'ayant pas de temps à perdre, s'étaient tous poliment décommandés.

◗ Nous avons rendez-vous pour parler de la prévention des conduites addictives en milieu scolaire. Sur scène, l'élite du département : préfet, officier supérieur de gendarmerie, inspecteur d'académie, médecin, procureur de la République, etc. Dans la salle, des infirmières scolaires et des chefs d'établissement. Discours de bienvenue habituels. Chacun se remercie : merci aux auditeurs d'être venus écouter, merci aux intervenants d'être venus intervenir, merci aux hôtes de nous accueillir, merci de nous avoir remerciés – si, si !

À la tribune, la magistrate se déchaîne. Morceaux choisis :

> « J'ai moi-même donné personnellement de mon propre temps. »
> « Nous nous sommes réunis en réunion. »
> « Chaque nuit, il y a une permanence de nuit. »
> « Dans le groupe de travail avec lequel on a travaillé... »
> « Il faut réagir de manière réactive. »
> « On a prévu dans les prévisions... »
> « On est averti téléphoniquement par téléphone. »
> « Un affrontement frontal. »

Je compte une vingtaine de « euh » par minute. Son discours dure une demi-heure. Mais où sont les plaidoiries d'antan ?

Le préfet conclut cette, je le cite, « fructueuse » journée de travail. Lors de son allocution, il parle de « monsieur l'inspecteur d'académie ». À ces mots, ce dernier, assis confortablement dans un fauteuil, parmi les personnalités, sur la scène, sursaute, ouvre les yeux et se redresse. Pris par la patrouille en flagrant délit d'extrême concentration !

◗ Symposium sur les programmes personnalisés de réussite éducative (PPRE). Une quarantaine de principaux et autant d'inspecteurs. Débat préliminaire d'une demi-heure, montre en main : doit-on parler « d'élèves en difficulté » ou de « difficultés éprouvées par les élèves » ?

Au fait, est-ce la poule qui sort de l'œuf ou l'œuf qui sort de la poule ?

◗ L'inspecteur d'académie m'appelle, vexé donc furieux, car hier je n'ai pas assisté à son one-man-show auquel les chefs d'établissement étaient conviés. J'ai en effet préféré effectuer une journée non-stop dans mon collège.

Bien plus fatigant mais sans doute plus utile aux élèves que de faire la claque afin de satisfaire l'ego du roitelet... D'autant plus que je viens de visionner le diaporama de la réunion qui nous a été envoyé, et suis au courant des deux petites infos à connaître.

◗ Désolé, les anecdotes de ce chapitre datent un peu, car il y a belle lurette que je n'assiste plus à ces salons de l'auto : autosatisfaction, autocongratulation, autofélicitations, autosuffisance, etc.

LE POIDS DES SYNDICATS

Les syndicats d'enseignants, indispensables pour l'équilibre des rapports de force et la défense des droits des professeurs, pâtissent hélas de l'extrémisme de certains de leurs représentants. Et comme le ministre a tout intérêt, s'il veut survivre politiquement, à ce qu'il n'y ait pas de remous, les compromis s'apparentent trop souvent à des compromissions. C'est ainsi que, au fil du temps, s'est établi un modus vivendi entre le pouvoir et ces officines, immobilisme qui ne sert pas forcément l'intérêt des élèves...

Même prévenus, les recteurs nouvellement nommés sont surpris par l'ampleur du phénomène. Ils mettent plus ou moins de temps à rentrer dans le rang. Ceux qui se croient les plus forts sont souvent ceux qui sautent les premiers...

Les chefs d'établissement le savent bien, eux qui préfèrent manger leur chapeau dès qu'un délégué de leurs professeurs lève un sourcil plutôt qu'être cloués au pilori par leur hiérarchie. Les inspecteurs aussi : en tant qu'anciens profs, ils connaissent mieux que quiconque le pouvoir de ces fédérations.

❥ Au cours d'une réunion houleuse, notre recteur s'était déballonné devant les déléguées syndicales des infirmières scolaires :

> « Vous m'emmerdez ! »

Une semaine plus tard, il faisait ses valises.

Quelque temps après, au cours d'une réunion houleuse, le délégué d'un syndicat d'enseignants a apostrophé notre nouveau recteur :

> « Vous nous emmerdez ! »

Le professeur syndicaliste est toujours en poste.

Selon que vous serez puissant ou misérable...

❥ Un professeur prend sur son temps de travail pour perfectionner son enseignement : il participe à un stage organisé par son syndicat sous l'égide de l'« Institut de recherches historiques sur le syndicalisme dans les enseignements du second degré ».

Sûr que ses nouvelles connaissances vont ensuite profiter à ses élèves !

❥ Extrait du compte rendu d'une réunion académique rédigé par un représentant d'un syndicat des personnels de direction :

> « Le recteur semble avoir peur des syndicats enseignants. Au conseil départemental de l'Éducation nationale, le SNES[1] a coupé la parole au conseil régional et envoyé paître le préfet ! »

1. Syndicat national des enseignements de second degré.

◗ Fin avril : fin des cours pour les élèves de Mme Saint-Diktat. En tant que responsable syndicale, elle va en effet passer les deux derniers mois de l'année scolaire à s'occuper des mutations de ses collègues. Tant mieux pour ces derniers, tant pis pour ses élèves...

En mai, fais ce qu'il te plaît, en juin, pas de bulletins !

◗ Aujourd'hui, 25 mai, au mépris de tout le travail de préparation déjà effectué par les secrétariats et les chefs d'établissement, notre ministre annonce officiellement que la date de la prochaine rentrée scolaire, pourtant prévue depuis trois ans, est décalée d'une journée.

Illumination soudaine ? Que nenni ! Pression des syndicats des enseignants !

◗ La surveillance des épreuves du DNB embête les professeurs. Peut-être afin de susciter des vocations, une note rectorale nous demande d'en dispenser les enseignants syndicalistes pour qu'ils puissent assurer leurs missions de représentation corporatiste.

On n'attire pas les mouches avec du vinaigre !

◗ Aujourd'hui, séance Guignol au rectorat... Euh, non, pardon, réunion de la CAPA. Sujet : la promotion des professeurs. Trois d'entre eux n'ont pas encore atteint le dernier échelon de leur grille indiciaire mais, bien notés par la hiérarchie, figurent quand même parmi les promouvables. Les représentants des syndicats d'enseignants, scandalisés que le mérite intervienne dans ce classement, exigent du secrétaire général qu'on enlève ces personnels exceptionnels de la liste pour les remplacer par des collègues moins bien notés, mais avec plus d'ancienneté.

Ai-je besoin de préciser que le haut fonctionnaire leur donne satisfaction ?

◗ Notre collège a la chance de bénéficier des services d'une infirmière à plein temps.

Enfin, pas tout à fait : vu que Mme Pikoku bénéficie statutairement d'un total de trente jours par an d'autorisation spéciale d'absence pour « représentation syndicale », nous ne jouissons de sa présence qu'à 80 %.

J'ai donc fait ajouter dans le règlement intérieur du collège :

> « Il est interdit aux élèves de tomber malades
> ou de se blesser les jours de réunion syndicale. »

LA GESTION DU CORONAVIRUS

Combien de temps dure la quarantaine ? Deux semaines, comme annoncé ? Une seule, comme annoncé également ? Compte-t-on en jours ouvrables ?

L'ami de mon ami est mon ami. Le cas contact d'un cas contact est-il un cas contact ?

L'élève non masqué assis dix minutes face à un copain positif est-il « cas contact » ? Et celui qui, masqué, est resté assis toute la journée à côté de lui ?

Les parents doivent obligatoirement fournir un masque à leur enfant, mais le collège doit en donner aux élèves dont les parents n'en ont pas fourni, c'est bien cela ?

Que répondre à la maman cardiaque ou obèse qui refuse de mettre son enfant au collège ?

Les élèves ne devant pas se croiser, doit-on flécher un parcours dans les W-C individuels ?

Doit-on respecter le protocole sanitaire officiel d'hier ou les consignes données aujourd'hui par le ministre ?

Que dire aux élèves qui utilisent le même masque toute la semaine ? À ceux qui se les échangent ? Doit-on mettre en place un contrôle individuel et quotidien pour chacun de nos 800 collégiens ?

Telles sont les quelques questions – choisies au hasard parmi des milliers d'autres – que je me pose…

◗ Si les chiffres qu'on nous serine sur la Covid-19 sont aussi fiables que ceux de l'Éducation nationale, bien des théories échafaudées sur la base de ces statistiques ne valent pas tripette !

◗ Confinement général. Les soignants sont débordés. Les 9 000 infirmières scolaires de France, non réquisitionnées, sont au chômage technique…

So-li-da-ri-té !

◗ Fin du confinement. Visioconférence de Pleutre l'Absent – coucou le revoilou, notre inspecteur d'académie se signale à notre bon souvenir – afin de préparer le retour à la « normale ». Le Tartuffe « s'excuse » de ne pas avoir pris de nos nouvelles tout au long de cette étrange période. Il prétend avoir travaillé même durant les vacances et les week-ends, et, de fait, ne pas avoir eu le temps d'écrire un seul e-mail.

Personnellement, je me suis efforcé de garder un contact quotidien avec « mes » professeurs afin de les soutenir moralement. À chacun sa façon de faire…

◗ Le ministre annonce une « reprise des cours ». Quant à moi, j'aurais plutôt parlé de « garderie ». Bref. Pleutre l'Exigeant nous demande une enquête quotidienne à remonter « même en cas d'état néant ». Chaque jour, chaque secrétaire de chacun des 60 collèges du département va donc envoyer un e-mail à l'inspection académique. Là, une autre fonctionnaire les ouvrira un par un, puis transmettra au rectorat… un état néant.

Faire et défaire, c'est toujours travailler…

◗ Nouvelle visioconférence de Pleutre le Petit Marrant. Au bout d'un quart d'heure de circonlocutions, il nous annonce qu'il a diligenté une étude sur la réouverture des collèges après le confinement. Le résultat est stupéfiant : contrairement aux « espoirs » du ministre, les habituels collégiens décrocheurs ne sont pas revenus en cours.

Quelle surprise ! Vivement la prochaine !

◗ Consigne post-attentats toujours en vigueur :

> « Gardez les portes des salles fermées ! »

Consigne post-confinement :

> « Gardez les portes des salles ouvertes ! »

Heu… Je fais quoi ?

◗ Juin. Notre recteur – quel baratineur ! – nous envoie un message :

> « Les décisions du ministre de l'Éducation nationale et de la Jeunesse sur les conditions de validation des examens permettent de garantir la qualité des diplômes et l'équité de traitement des élèves, grâce aux commissions d'harmonisation qui y veilleront tout particulièrement. »

Je cherche vainement un smiley ou un « lol » dans l'e-mail… Ce n'est donc pas une blague !

◗ Fin de cette année scolaire si spéciale. Quel principal prend le risque de refuser le passage en seconde générale à un élève qui, devant le tribunal administratif, aurait beau jeu de prétendre qu'il aurait sensiblement amélioré ses résultats s'il y avait eu cours durant le confinement ?

Au loto, 100 % des gagnants ont tenté leur chance. À l'Éducation nationale, désormais, 100 % des collégiens qui le souhaitent vont au lycée.

▸ Yes ! Le coronavirus a réussi du premier coup ce que j'ai été incapable d'obtenir durant vingt ans : cette année, la moitié de mes troisièmes ont brillamment décroché la mention très bien au diplôme national de la bidouille !

Et dire qu'il va se trouver quelques esprits chagrins pour dénoncer cette mascarade...

▸ Covid-19 oblige, la réunion de prérentrée avec le recteur est remplacée par une visioconférence. Je reçois le PowerPoint : 111 diapositives, pas une de moins.

On dirait qu'au rectorat certains se sentent obligés de prouver qu'ils travaillent...

▸ Rentrée de septembre. Je dois rouvrir la cantine du collège tout en maintenant la fameuse distanciation physique. De fait, la capacité d'accueil de notre self ayant fortement diminué, je réfléchis à étaler le service de restauration de 9 heures à 16 heures.

Ou alors à installer un *drive*.

▸ Au self, donc, les élèves déjeunent par classe afin d'éviter les mélanges. Conformément aux consignes...

Mais ils sont regroupés en latin, en « dispositif euro », lors du soutien natation et des heures de « devoirs faits » – vous savez, le dispositif d'aide aux élèves n° 739 *ter* ? Je ne parle pas des récréations.

Un carambar à qui me dit comment résoudre cette quadrature du cercle...

◗ Afin de respecter *et* l'esprit – tous les élèves doivent être scolarisés – *et* la lettre – maintenir une distanciation physique – du protocole sanitaire, j'ai acheté un mètre élastique, ce qui m'a permis de prendre des libertés avec le système métrique conventionnel. Nos salles – désormais 50 mètres de large et 100 mètres de long – peuvent donc recevoir 30 collégiens à la fois en toute sécurité.

Puisque c'est ce que l'on nous demande...

◗ En classe, les professeurs sont revenus à la traditionnelle « pédagogie de l'avion » – élèves assis les uns derrière les autres, en rangées. Exit donc l'enseignement en *îlots bonifiés* – petits groupes de travail –, solution miracle, paraît-il, pour les apprentissages mais source potentielle de cluster.

L'avenir dira si l'Éducation nationale s'en remettra.

◗ Octobre. Les délégués des parents d'élèves nous demandent d'organiser les élections par voie électronique afin, d'une part, de supprimer le lourd et fastidieux travail de mise sous enveloppe puis de dépouillement, d'autre part, d'éviter un afflux d'électeurs au collège le jour du vote, risque éventuel de cluster.

Le responsable départemental d'une fédération questionne le rectorat à ce sujet. Conclusion de la réponse des autorités :

> « Nous ne pouvons donc pas mettre en place un vote électronique garantissant la confidentialité des intentions de vote. »

Faux, bien sûr, mais à condition d'utiliser un logiciel privé. L'Administration a – encore – un train de retard... Nous passons donc outre, à la satisfaction de tous.

◗ 8 h 30. L'infirmière détecte des symptômes de la Covid-19 chez un élève. Conformément aux consignes, nous faisons remonter l'information et attendons les ordres…

Réponse de la hiérarchie : il faut immédiatement isoler tous ceux avec qui le collégien a déjeuné depuis deux jours.

Il est 17 h 30, le collège est désert…

◗ Protocole sanitaire renforcé : les élèves doivent rester dans les mêmes salles. Ce sont les enseignants qui se déplacent à chaque intercours. Pas facile pour le professeur de chimie et ses éprouvettes, celui de SVT et ses microscopes, celui de technologie et ses ordinateurs, celui d'arts plastiques et ses pots de peinture.

Quant à celui d'éducation musicale et son piano…

◗ 17 heures. Fin d'une dure journée. Au portail, je vois, désappointé, des élèves de troisième se bécoter amoureusement. J'étais si fier d'avoir mis en place toutes les protections sanitaires possibles !

◗ Parlons franchement : au collège, si l'on respecte scrupuleusement le protocole sanitaire, les professeurs ne peuvent plus faire cours de manière satisfaisante. Condition *sine qua non* pour fonctionner à peu près correctement : s'asseoir sur quelques consignes.

Tout le reste n'est que littérature.

◗ Les directives officielles sont si claires que, en cas de contamination, n'importe quel avocat prouvera sans peine que le chef d'établissement a failli… Alors je fais comme mes collègues : du mieux que je peux.

Que celui qui est capable d'obliger 800 ados à porter un masque toute la journée, de 8 heures à 17 heures, me jette la première pierre !

OUI, MAIS…

Certes, l'Éducation nationale va mal. Il n'y a d'ailleurs rien d'étonnant à cela : elle est le reflet de notre société. Mais penchons-nous sur quelques chiffres incontestables…

Une année calendaire compte 365 jours, soit 8 760 heures. Retirons 10 heures de sommeil quotidien – ce qui est très généreux –, soit 3 650 heures. Un enfant est donc « disponible » 8 760 - 3 650 = 5 110 heures par an. Une année scolaire compte 36 semaines de 25 heures, soit 900 heures de cours. Ces 900 heures représentent 17,61 % des 5 110 heures.

Dans notre pays, chaque enfant en âge d'être scolarisé passe donc plus de 80 % de son temps sous la responsabilité de ses parents.

Lorsque j'enseignais en primaire, je devinais, sans grand risque d'erreur, si un élève de CP allait poursuivre de grandes études ou non. Évidemment ! Sur les 80 % de ce temps passé en famille, entre d'une part un enfant qui lit et se cultive, d'autre part un autre qui passe des heures sur les réseaux sociaux et/ou devant la télé, il y a un abîme…

Et on accuse l'école de tous les maux ? Un peu de sérieux ! Face à une situation délicate, n'importe quel responsable d'entreprise soucieux d'efficacité porterait ses efforts sur les 80 % d'un problème plutôt que sur les 20 % restants. Il serait donc grand temps de rappeler aux parents que ce sont eux les premiers *éducateurs* de leurs enfants.

De leur préciser aussi qu'il est plus facile d'en élever deux que dix.

L'école peut beaucoup, certes, mais pas tout. Alors, à chacun de prendre ses responsabilités. Mais que ceux qui n'ont pas voulu saisir la chance que l'Éducation nationale leur apportait sur un plateau aient la décence, une fois adultes, de ne pas accuser « la société » de les avoir laissé tomber…

ÉPILOGUE

Quarante-trois ans.

Quarante-trois ans que j'accompagne des jeunes sur le chemin qui les mène à leur vie d'adulte et de citoyen.

Quarante-trois ans à me lever chaque matin, heureux d'aller au travail. Avec pour seule récompense la reconnaissance des élèves et, parfois, la gratitude de leurs parents. Je ne regrette rien des années que je leur ai consacrées.

Mais, en quarante-trois ans, aucun ministre n'a eu le courage politique de commander un audit indépendant sur le fonctionnement de l'Éducation nationale.

Mais, en quarante-trois ans, les hauts fonctionnaires de l'Institution qui ont réellement pris leurs responsabilités se comptent – à ma connaissance – sur les doigts d'une main.

Mais, en quarante-trois ans, les situations où je me suis retrouvé seul, entièrement seul – et combien d'autres parmi mes collègues chefs d'établissement ? –, abandonné par ma hiérarchie lorsqu'il a fallu prendre une décision délicate, se sont accumulées.

Je suis las de ramer à contre-courant en voulant transmettre les valeurs du travail. En prônant la récompense au mérite, seule garante de l'égalité républicaine. En tentant de montrer l'exemple. Tout cela paraît tellement obsolète aux yeux de nos décideurs !

Oui, je suis un vieux ringard. Je me console en me disant que mes professeurs – paix à leur âme – ont dû penser la même chose en leur temps. Et que le monde continue quand même de tourner – comment et pour combien de temps, c'est une autre question.

Quarante-trois ans... Continuer mon sacerdoce ou bénéficier de la retraite pour carrière longue ?

Les cimetières sont remplis de gens indispensables. J'abandonne.

Merci à tous « mes » pitchouns. Merci à leurs parents. Merci à tous les professeurs et à tous les personnels de tous les établissements par lesquels je suis passé de m'avoir supporté.

Mais pas merci aux fossoyeurs de « mon » École. Sauf pour m'avoir aidé à choisir d'aller m'occuper plus tôt que prévu de mon potager.

TABLE

DEUXIÈME PARTIE
LE COURAGE DES « BRAVES »

MIXTE
Papier issu de sources responsables
FSC® C003309

L'éditeur de cet ouvrage s'engage dans une démarche de certification FSC® qui contribue à la préservation des forêts pour les générations futures.

Pour en savoir plus :
www.editis.com/engagement-rse/

Imprimé en France par CPI
N° d'édition : M05498/01. – N° d'impression : 162556